어린이 산책자를 위한
# 자연의 신호

어린이 산책자를 위한
# 자연의 신호

알방 캉브 글 · 레오니 쾰슈 그림 · 최 린 옮김

그린애플

 **차례**

모험을 향해 출발! • 6
산책을 위한 준비물 • 8
우리의 집, 지구 • 10
지구에서 위치 찾기 • 12
역사 깊은 항해술 • 14
거리를 측정하는 법 • 16

## 하늘에서 반짝이는 자연의 신호

머리 위의 단서들 • 19
지구에서 본 태양 • 20
태양으로 방향 찾기 • 22
구름의 일기 예보 • 24
구름 보고 길 찾기 • 26
무지개의 비밀 • 28
지구에서 바라본 달 • 30
달은 훌륭한 나침반 • 32
유명한 별, 북극성 • 34
별자리의 흔적 • 36
별자리 달력 • 38
밤에 찾는 단서들 • 42

## 땅과 바다, 강에서 멋진 보물찾기

가까운 단서들 • 45
바람의 놀라운 역할 • 46
바닷가 관찰하기 • 48
흐르며 자연을 바꾸는 물 • 50
강은 친절한 안내자 • 52
산이 보내는 신호 • 54
물가를 찾아 주는 단서 • 56
식물은 비밀 정보원 • 58
숲길 걷는 법 • 60

## 동물과 식물이 건네는 이야기

활기찬 생태계 · 63
나뭇잎이 하는 일 · 64
나무 보고 길 찾기 · 66
각양각색의 나무들 · 68
나무가 주는 특급 정보 · 70
거짓말쟁이 이끼 · 72
담쟁이의 비밀 · 74
알록달록한 얼룩의 정체 · 76
꽃이 주는 실마리 · 78
신비한 버섯 · 80
식물의 일기 예보 · 82
멋진 천연 나침반 · 84
동물이 남긴 발자국 · 86
동물 발자국 카드 · 88
동물이 남긴 흔적 · 92
새가 전하는 정보 · 94

도전 과제 · 96

# 모험을 향해 출발!

자연은 언제나 우리에게 말을 걸고 신호를 보내요.
귀를 기울이면, 방향을 잃지 않고 마을로 가는 길을 찾을 수 있어요.
날씨를 예측하거나 물이 있는 곳을 발견하며, 알찬 모험을 즐겨 볼까요?
자연이 말해 주는 신호를 이해하면, 자연은 멋진 놀이터가 될 거예요.

## 길을 찾으려면 관찰이 필요해요!

산책이나 등산할 때, 방향을 정하려면 풍경을 잘 읽어야 해요. 마치 지도를 보는 것처럼요. 절벽이나 강, 시냇물 등을 꼼꼼히 살펴보세요. 그 속에 길을 찾거나 생존에 필요한 것을 발견하는 데 중요한 단서가 있답니다!

## 옛사람들처럼 이동해요

항상 북쪽을 가리키는 나침반은 11세기에 발명되었어요. 나침반이 발명되기 전, 수천 년 동안 인류는 자연이 주는 단서들에 의지했지요. 태양, 별, 이끼의 색깔, 동물의 행동을 살펴 위치를 파악하고, 움직일 방향을 결정해 이동했어요.

## 무엇을 배우게 될까요?

숲속에서 길을 잃었다고 상상해 보세요. 방향을 찾을 수 있는 도구를 갖고 있지 않다면, 집으로 돌아갈 길을 어떻게 찾을 수 있을까요? 나침반이 없어도 구름이나 별을 관찰하고, 식물과 동물의 도움으로 길을 찾을 수 있어요. 특정한 식물이 있는 곳에서 물을 찾을 수도 있답니다. 나무와 동물들이 우연히 그곳에 살지는 않거든요. 숲의 생명들이 전하는 정보로 어느 방향이 북쪽인지, 어떤 자원을 활용할지 판단할 수 있어요.

# 산책을 위한 준비물

출발하기 전, 몇 가지 준비할 것들을 살펴봐요.
산책하며 생길 수 있는 문제를 해결하고, 도움을 받을 수 있어요!

## 무엇이 필요할까요?

- **날씨에 맞는 편안한 복장** 산책 중 갑자기 날씨가 변할 경우를 대비해서 항상 겉옷을 준비해요. 출발할 때 날씨가 더워도, 반바지보다는 긴바지를 입는 것이 좋아요. 벌레에 물리거나 쐐기풀에 쏘이지 않도록 보호해 주거든요.
- **시계** 집에 돌아가야 할 시간을 놓치지 않고 확인할 수 있어요. 북쪽을 알려 주는 단서들을 관찰할 때 유용하고요.
- **자연 도감** 산책하며 발견한 나무나 버섯, 동물 등을 찾아 정보를 얻을 수 있어요.
- **휴대 전화** 길을 잃었을 때 신속하게 구조를 요청하고, 위치를 알리기 위해 필요해요.
- **나침반** 자연을 관찰해 갈림길에서 어느 방향으로 갈지 결정했다면, 나침반으로 그 방향이 정확한지 한번 더 확인하세요.
- **손전등** 밤에 탐험할 때 아주 유용해요.
- **물병** 물을 자주 마셔야 해요. 멋진 장소에서 오랫동안 탐험하고 싶다면 말이에요!
- **배낭** 이 모든 준비물을 담아 갈 튼튼하고 편안한 배낭이 필요해요.

## 오감을 이용해요

자연 한가운데에 있을 때, 오감을 이용해 방향을 정하고 되돌아오는 길을 찾을 수 있어요.

- **시각** 눈을 크게 뜨고 무지개의 색깔과 하늘, 나무, 꽃, 동물의 흔적을 관찰해요.
- **청각** 귀를 기울여 도로가 가까운지, 새들이 날아다니는지 알아채요.
- **후각** 비릿한 바다 냄새, 폭풍우 치기 전 후덥지근한 공기, 덤불의 축축한 냄새를 느껴요.
- **미각** 식물들은 햇빛을 쬔 정도에 따라 맛이 달라요. 하지만 이름 모르는 식물을 함부로 먹으면 안 돼요! 숲에는 사람에게 위험한 독성을 지닌 식물들이 많거든요.
- **촉각** 나무줄기와 바위, 다양한 나뭇잎의 질감과 온도 변화를 느낄 수 있어요.

### 꼭! 알아 두기

보호자의 허락 없이 절대로 혼자 숲이나 호수 등으로 산책을 떠나면 안 돼요. 목적지를 정확하게 알리고, 연락이 닿을 수 있게 휴대 전화를 챙겨야 해요.
주변을 탐험하는 가장 좋은 방법은 누군가와 함께 가는 거예요. 그러면 위기 상황에서 서로 도울 수 있어요. 자연을 관찰하며 대화를 나눌 수도 있고요.

# 우리의 집, 지구

45억 년 전에 생긴 지구는 태양에서 세 번째로 가까운 행성이에요.
아직까지는 지구가 우주에서 생명체를 품고 있는 유일한 곳이지요.
그런데 드넓은 우주에서 지구를 어떻게 찾아낼 수 있을까요?

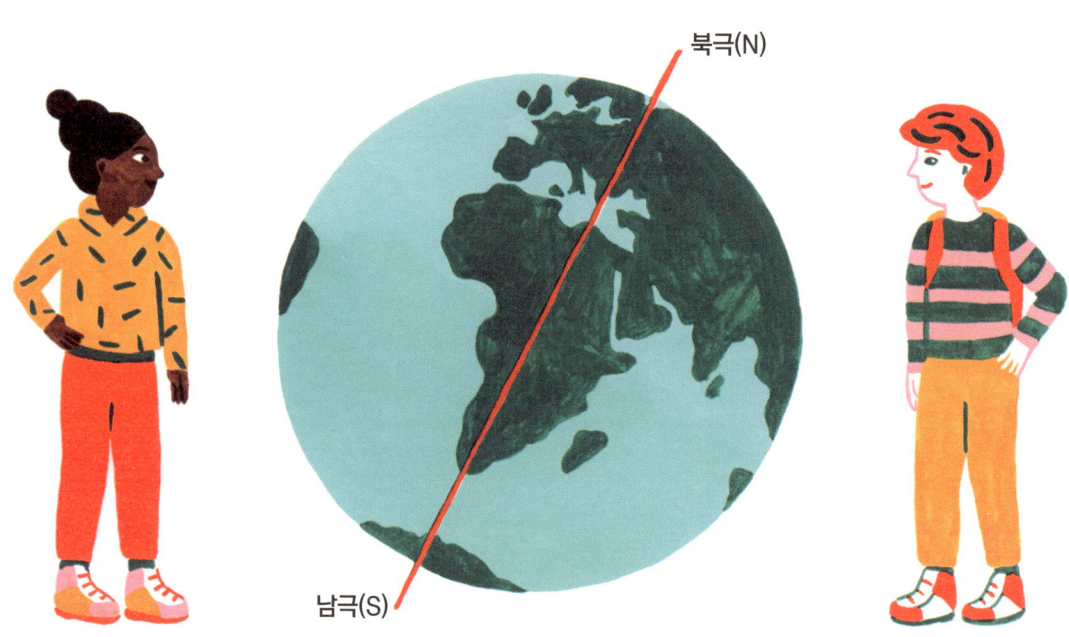

## 살아 있는 '푸른 별' 지구

바다가 지구 표면을 70퍼센트나 차지하고 있어서 지구를 '푸른 별'이라고 불러요. 액체 상태의 물은 생명체에게 꼭 필요해요. 물이 없으면 지구는 우주에 떠다니는 돌덩어리에 불과할 거예요. 지구에서 생명체들은 낮과 밤, 계절의 변화에 적응하며 살아왔어요. 그래서 생명체는 태양의 움직임에 영향을 받아요. 식물과 동물들이 태양을 이용해 길 찾는 법을 알려 줄 거예요.

## 지구는 어떻게 움직일까요?

지구는 24시간, 하루 동안 스스로 한 바퀴 도는 '자전'을 해요. 지구의 자전축은 북극과 남극을 통과해요. 그래서 하루에 한 번 태양이 동쪽에서 서쪽으로 하늘을 가로지르는 것을 볼 수 있어요. 그리고 나면 밤이 되어 모든 것이 어둠 속에 묻혀요. 지구는 매일 자전하는 동시에, 태양 주위를 1년 동안 한 바퀴 도는 '공전'을 해요.

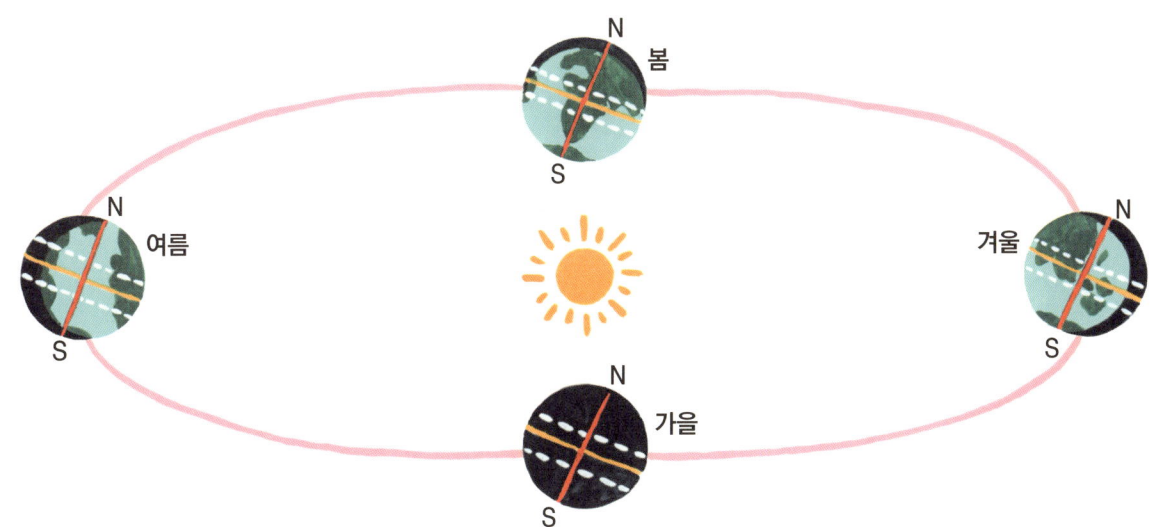

## 계절이 바뀌는 이유는 무엇일까요?

지구의 자전축은 23.5도 기울었어요. 그래서 12월~2월 동안 북반구는 태양에 적게 드러나고, 남반구가 태양을 많이 쬐요. 이때 한국이나 유럽, 미국 등이 있는 북반구는 겨울이에요. 눈사람을 만들며 놀 수 있지요. 반면에 호주, 뉴질랜드가 위치한 남반구는 여름이어서 물놀이를 하러 해변으로 가요!

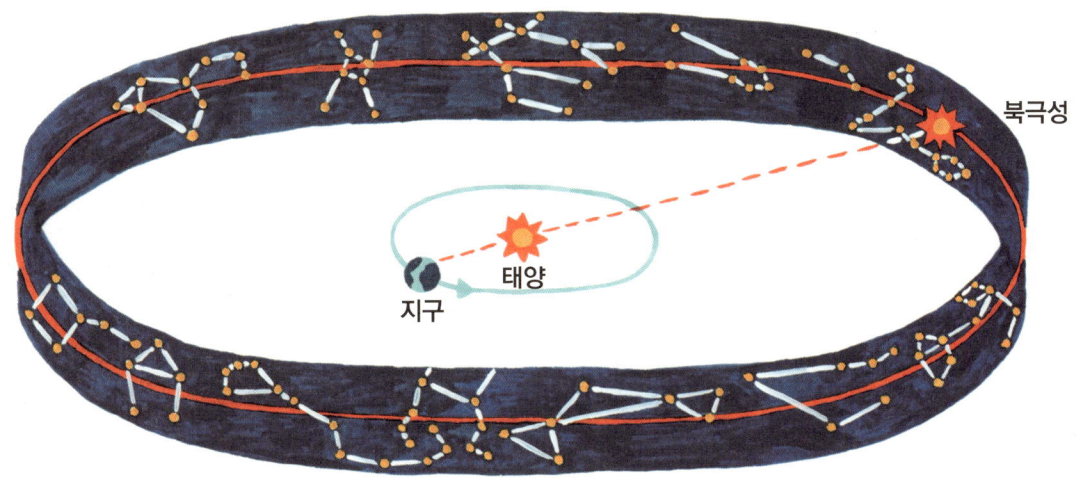

## 왜 항상 똑같은 별을 볼 수 없을까요?

1년 내내 똑같은 곳에 뜨는 별이 있어요. 하지만 지구가 1년 동안 태양 주위를 한 바퀴 돌기 때문에, 어떤 별자리는 한두 계절만 보이지요. 이런 별자리들은 방향을 찾을 때 아주 쓸모 있어요!

# 지구에서 위치 찾기

지구 위에서 우리가 어디에 있는지 어떻게 알 수 있을까요?
옛날부터 사람들은 태양이 움직이는 경로를 보며 자연 현상을 관찰했어요.
덕분에 아주 오래전부터 중심이 되는 지점을 정해, 방향을 잡을 수 있었어요.

## 기본 방향에 대해 알아봐요

동, 서, 남, 북에 대해 들어 본 적 있지요? 이 기본 방향으로 위치를 설명할 수 있어요. 사람들은 주위를 잘 둘러보고, 이 방향들을 활용해 나아갈 방향을 잡아요. 기본 방향은 지평선 또는 수평선의 한 지점을 가리키고 있어요.

## 태양과 돌고 도는 지구

지구는 365일 동안 태양의 주위를 공전하면서, 동시에 24시간 동안 서쪽에서 동쪽으로 자전해요. 그래서 우리는 매일 태양이 동쪽에서 떠올라 서쪽으로 지는 걸 볼 수 있지요. 사람들은 공 모양으로 생긴 지구를 '적도'라는 상상의 선으로 나누었어요. 그러고는 적도 위를 북반구, 아래를 남반구라고 부르지요.

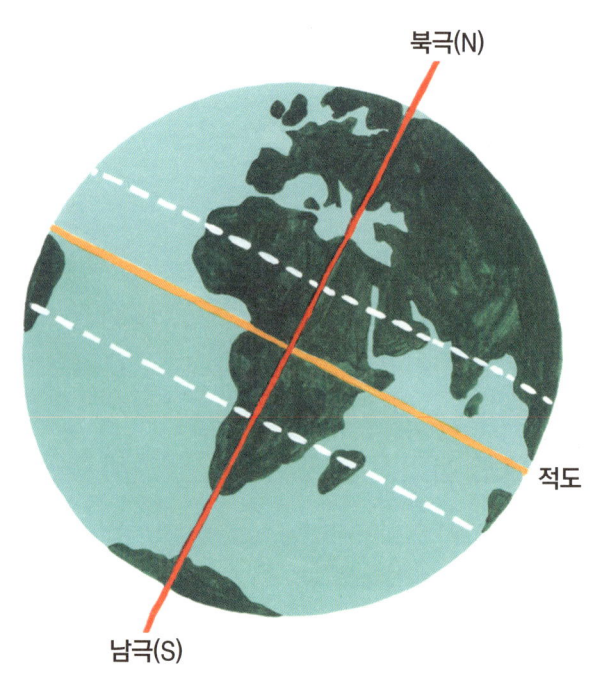

### 산책자의 수첩

북반구에서 방향 찾는 법을 알아볼까요? 하지만 조금만 응용하면 남반구에서도 활용할 수 있어요. 반대로만 관찰하면 되거든요!
예를 들어 북반구에서 나무가 남쪽으로 기울었다면, 남반구에서 북쪽으로 기운 나무와 같은 뜻일 거예요.

# 역사 깊은 항해술

중세에 바이킹이라는 사람들이 배를 타고 세계를 누볐다는 걸 알고 있나요?
심지어 그들은 콜럼버스보다 한참 전에 아메리카 대륙을 발견했어요.
그런데 신기하게도 나침반을 갖고 있지 않았대요!

### 퇴적물의 맛

해안가 바닥에는 하천에서 떠내려온 작은 입자가 쌓여 있어요. 이렇게 작은 입자가 쌓인 걸 '퇴적물'이라고 불러요. 물이 흐르는 장소에 따라 퇴적물의 종류가 달라요. 바이킹들은 해안가 바닥에서 진흙 같은 퇴적물을 퍼 올려 관찰했어요. 경험 많은 선원은 육지에 발을 딛지 않고, 진흙을 맛보는 것만으로 어느 지역을 항해하고 있는지 알아맞힐 수 있었대요.

### 배에 탄 까마귀

바이킹들은 배에 까마귀와 같은 육지 새를 태우고 다녔어요. 이 육지 새들은 물 위에 내려앉을 수 없어요. 날려 보낸 새가 배로 돌아오지 않으면, 육지가 가깝다는 신호였지요.

## 고래들의 경주

바다에 사는 포유동물과 새들은 계절에 따라 서식지를 바꾸기도 해요. 다른 말로 '이주'한다고 하죠. 바이킹들은 이런 동물들의 생활 주기를 잘 알아서 계절마다 동물들이 다니는 길을 파악하고 있었지요. 그래서 특정 새나 고래가 배 근처를 지나가는 것을 보기만 해도 위치가 어디쯤인지, 어느 방향으로 항해를 하고 있는지 정확히 알 수 있었어요!

## 태양의 돌

태양의 돌은 아주 간단한 도구예요. 이 돌을 이용하면 구름 낀 날씨에도 태양의 경로를 따라갈 수 있어요. 바이킹들은 '방해석'이라는 광물을 배에 소중히 보관하며 태양의 돌로 이용했어요. 안개가 끼어서 항해가 어려워지면, 돌을 하늘을 향해 높이 들어요. 그러면 돌이 구름을 뚫고 나온 몇 가닥의 햇살을 포착해서 태양이 어디 있는지 알려 줘요. 덕분에 선원들은 위치를 파악해서, 올바른 방향으로 뱃머리를 돌릴 수 있었어요.

# 거리를 측정하는 법

아주 옛날에는 통일된 단위와 측정 도구가 없었어요.
멀리 보이는 물체의 크기를 보고 눈대중하거나
발걸음 수를 세서 거리를 측정했지요.

## 눈대중으로 거리를 측정해요!

- ▶ **50미터** 사람의 눈과 입을 볼 수 있어요.
- ▶ **100미터** 여러 사람이 모인 무리에서 각 사람들을 구별할 수는 있지만, 사람의 눈이 점처럼 보여요.
- ▶ **200미터** 옷차림과 피부 색깔을 구별할 수 있지만, 얼굴 윤곽은 잘 안 보여요.
- ▶ **300미터** 사람이 키가 큰지, 작은지, 몸집이 통통한지 말랐는지 정도만 알 수 있어요.
- ▶ **500미터** 사람이 말뚝처럼 보여요. 작은 동물은 알아볼 수 없고 말과 소, 양처럼 몸집이 큰 동물만 구분할 수 있어요.
- ▶ **1킬로미터** 아주 큰 나무는 볼 수 있지만, 사람은 알아보기 힘들어요.
- ▶ **2킬로미터** 창문이나 굴뚝은 알아볼 수 있지만, 사람이나 동물은 더 이상 볼 수 없어요.
- ▶ **5킬로미터** 커다란 집, 창고, 체육관같이 거대하거나 독특한 건물만 알아볼 수 있어요.
- ▶ **10킬로미터** 송신탑, 타워, 고층 빌딩 등 높은 건축물만 볼 수 있어요.

## 발걸음으로 측정해요!

▶ 100미터 거리를 몇 걸음에 걷는지 세요. 적어도 네 번 반복해 걸어서 얻은 걸음 수를 평균 내요. 이 평균값이 숫자 A예요.

예 평균값 A = 192걸음

▶ 거리를 알고 싶은 길을 걸으며 걸음 수를 세요. 이것이 숫자 B예요.

예 공원을 산책한 걸음 수 B = 2,234걸음

▶ 숫자 B에 100을 곱하고, 이 결과를 숫자 A로 나누어요.

예 2,234 × 100 = 223,400
223,400 ÷ 192 = 약 1,163

따라서 공원을 산책하면서 1,163미터를 걸었어요. 1킬로미터가 조금 넘는 거리이지요.

### 산책자의 수첩

더 쉽게 걸음 수를 셀 수 있어요. 10걸음마다, 오른쪽 주머니에 작은 조약돌을 넣어요. 100걸음을 세면 오른쪽 주머니에 조약돌이 10개 있겠죠? 그럼 왼쪽 주머니에 작은 조약돌 1개를 넣고, 오른쪽 주머니는 몽땅 비워요. 이런 식으로 계속 반복해요.

산책이 끝났을 때, 양쪽 주머니에 있는 조약돌 수를 세어 보세요. 왼쪽 주머니의 조약돌 수는 백 단위이고, 오른쪽 주머니에 있는 조약돌 수는 십 단위이니 왼쪽 주머니에 3개의 조약돌이 있고, 오른쪽 주머니에 5개의 조약돌이 있으면 3×100=300, 5×10=50, 합해서 350걸음이에요.

# 하늘에서 반짝이는 자연의 신호

# 머리 위의 단서들

**하늘은 거대한 보물 지도를 닮았어요.
밤낮으로 관찰하면 길을 찾는 데 유용한 단서가 가득하거든요.
그래서 나침반 없이 방향을 찾는 산책자는 항상 고개를 젖히고 다니지요!**

## 별들이 지나가는 길

지구는 24시간마다, 즉 하루에 한 번 자전해요. 그래서 우리는 태양, 달, 별들이 조금씩 이동하는 것을 볼 수 있어요. 별들이 우리 머리 위에서 움직이는 것처럼 보이는 현상을 천문학 용어로 '시운동' 또는 '겉보기 운동'이라고 해요.
밤하늘에서 빛나는 달과 별은 방향을 알려 줄 뿐 아니라, 밀물과 썰물을 일으켜 지구 생명체에게 영향을 준답니다.

## 밤하늘의 변화

지구는 1년에 한 바퀴 태양을 공전하며 위치를 바꿔요. 그래서 봄, 여름, 가을, 겨울이라는 사계절이 생기지요. 계절마다 관찰할 수 있는 별들도 달라져요.
1년을 별자리로 표현해 달력을 만들 수도 있어요. 달마다 그 시기에 밤하늘을 수놓는 특별한 별자리가 하나씩 짝지어져 있거든요!

## 움직이는 대기

지구는 '대기'라고 불리는 기체 층으로 둘러싸여 있어요. 대기는 우주에서 오는 해로운 광선을 막아 우리를 안전하게 보호해요. 또 생명체에 필요한 물과 공기를 지켜 주지요.
물은 고체인 얼음, 액체, 기체인 수증기 상태로 존재해요. 지구의 대기층에서 물이 한 상태에서 다른 상태로 바뀌면 비와 눈, 우박이 내리거나 구름이 생길 수 있어요. 우리는 대기에 생기는 무지개, 바람, 다양한 구름을 통해 날씨나 방향에 대한 정보를 얻을 거예요!

### 별자리란 무엇일까요?

별자리는 하늘에서 서로 가까이 있는 별들의 무리예요. 사람들은 상상력을 발휘해 별 무리를 특별한 형태로 묶었어요. 국자 모양인 북두칠성이나, 큰곰자리같이 말이에요. 오늘날 공식적으로 88개의 별자리가 있어요.

# 지구에서 본 태양

매일 바쁘게 움직이는 건 태양이 아니에요.
지구가 자전과 공전을 하며 끊임없이 움직이지요.
하지만 지구에서 보면 태양의 위치가 달라지는 것처럼 보여요.
태양의 위치 변화를 잘 관찰하면 방향과 시간을 추측할 수 있어요.

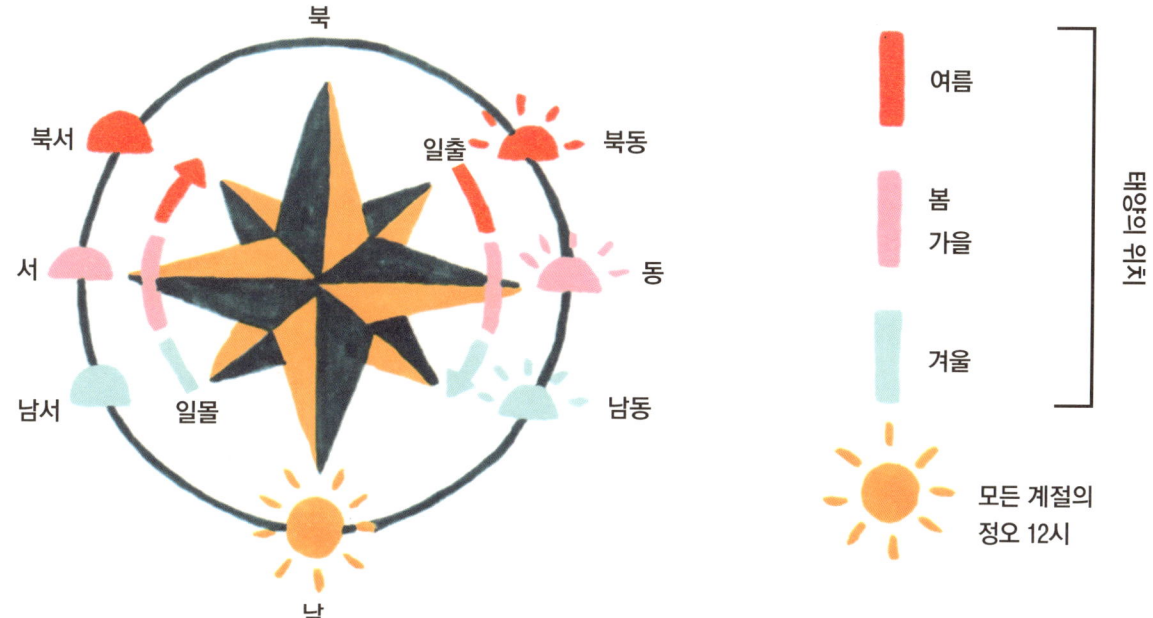

## 태양이 뜨고 지는 곳

지구는 자전축이 살짝 기운 상태로 태양을 돌아요. 그 때문에 태양은 여름에 더 높이 떠 있고, 겨울에 더 낮게 떠 있지요. 여름에는 겨울에 비해 태양이 조금 더 북쪽에서 뜨고 지는 것처럼 보여요. 반대로 겨울에는 태양이 뜨고 지는 곳이 조금 남쪽으로 이동한 것처럼 보이고요. 아침이나 저녁에 길을 찾으려면, 이 사실을 알고 있어야 해요!

## 태양과 나침반

태양은 동쪽에서 떠서 서쪽으로 져요. 하지만 모험심 강한 산책자에게는 더 자세한 설명이 필요해요! 겨울에 태양이 떠오르는 모습을 보면, 그 방향이 동쪽과 남쪽 사이를 가리킨다는 걸 알게 될 거예요. 반대로, 여름에 태양이 바로 앞에서 지고 있다면, 그곳이 서쪽과 북쪽 사이를 향한다는 걸 알 수 있어요. 그러나 1년 중 어느 시기든지, 한낮에 태양은 항상 남쪽을 가리키고 있어요.

## 해시계

하늘을 가로질러 움직이는 태양은 시시각각 다른 그림자를 만들어요. 그래서 그림자의 길이와 위치의 변화를 이용하면 시간을 어림잡아 알 수 있지요. 그림자가 점점 짧아지면 아침이고, 반대로 그림자가 점점 길어지면 오후예요. 그림자가 가장 짧을 때는 머리 바로 위에 해가 위치하는 정오이고요. 하지만 지구가 태양을 정확한 원 궤도가 아닌 타원형으로 공전하고, 공전 속도도 일정하지 않기 때문에 태양을 기준으로 시간을 재면 계절마다 시간이 조금씩 달라진답니다.

# 태양으로 방향 찾기

날씨가 좋으면 하늘을 관찰하기 아주 좋아요.
나침반이 없어도 아주 간단한 방법으로 방향을 찾을 수 있어요.

## 남쪽을 어떻게 찾을까요?

바늘이 있는 시계가 필요해요. 만약 그런 시계가 없다면 볼펜으로 손목에 현재 시각에 맞춰 시계를 그려요. 그다음, 이 시계에서 여름이면 2시간을 빼고, 겨울이면 1시간만 뒤로 가요. 짧은 바늘인 시침만 다시 그리면 돼요.

▶ 시계를 평평한 곳에 놓고, 시침을 태양 쪽으로 향하게 해요.

▶ 시계의 눈금에서 12를 찾아요.

▶ 눈금 12와 시계의 시침 사이를 반으로 나누는 선이 남쪽을 나타내요.

▶ 남쪽을 찾았으면 북쪽, 동쪽, 서쪽을 찾는 건 식은 죽 먹기예요.

▶ 태양을 너무 오랫동안 똑바로 바라보면 눈이 상할 수 있으니, 조심해야 해요!

## 북쪽을 어떻게 찾을까요?

막대기를 이용하면 돼요! 시간이 조금 걸리기 때문에 인내심을 가져야 해요. 그리고 이 방법은 낮에 더 효과가 좋으니, 이른 아침이나 늦은 오후는 피하는 게 좋아요.

▶ 막대기를 땅바닥에 수직으로 꽂아요.

▶ 조약돌로 막대기의 그림자가 끝나는 곳을 표시해 놓아요.

▶ 30분 이상 기다려요. 한 시간은 지나야 정확한 결과를 얻을 수 있어요.

▶ 막대기의 그림자가 이동했을 거예요. 다른 조약돌로 그림자가 끝나는 곳을 표시해요.

▶ 첫 번째 조약돌 위에 왼발을, 두 번째 조약돌 위에 오른발을 올려놓아요.

▶ 정면으로 보이는 방향이 북쪽이에요! 남쪽, 동쪽과 서쪽은 쉽게 찾을 수 있을 거예요.

### 한 번 더 조심!

관찰을 통해 방향을 정하고 발걸음을 떼기 전에, 찾은 방향이 맞는지 나침반으로 정확히 확인해 보는 것이 좋아요. 몇 번 시험 삼아 해 보면 자신감이 붙을 거예요. 능숙해지면 간단한 관찰만으로 주저 없이 방향을 결정할 수 있어요.

# 구름의 일기 예보

**구름은 하늘을 둥둥 날아다니고, 때때로 태양을 숨기기도 해요.
여러 가지 구름을 구분하는 방법을 배우면 날씨를 미리 알 수 있어요!**

## 구름은 무엇일까요?

대기 중에 떠다니는 물방울이나 얼음 결정의 무리가 구름이에요. 대기의 압력과 공기의 온도에 따라 모양이 바뀌거나 아예 사라져요. 때때로 비 또는 우박, 눈을 내릴 수 있어요.

## 다양한 구름의 이름

구름은 생김새와 특징에 어울리는 이름을 가졌어요. 이름의 뜻을 잘 생각해 보면, 관찰한 구름을 더 잘 구분할 수 있을 거예요.

- **적운(뭉게구름)** 뭉게뭉게 피어오른 솜뭉치처럼 생겼어요. 털이 풍성한 양이나 브로콜리 모양으로도 보여요.
- **층운(안개구름)** 안개같이 얇은 층을 이루며 낮게 뜨는 구름이에요.
- **권운(새털구름)** 머리카락과 같은 얇은 실 또는 새의 깃털 같은 모양이에요.
- **난운(비구름)** 두껍고, 회색을 띠기도 하는 구름이에요. 비나 눈을 내려요.

## 날씨가 어떨까요?

구름 모양은 대기의 움직임에 따라 변해요. 그래서 날씨와 연관이 깊지요. 하늘에 새털구름이 보인다면, 며칠 안에 날씨가 좋아진다는 신호예요. 군데군데 작은 뭉게구름이 있으면 날씨가 아주 화창할 거예요. 안개구름이 많다면 비가 올 가능성이 커요. 쌘비구름은 엄청 큰 구름이에요. 구름이 산처럼 높이 솟아 있고 점점 어두워진다면, 얼른 대피할 장소를 찾아야 해요. 곧 강풍이 불고 폭풍우가 칠 거라는 신호거든요!

### 산책자의 수첩

구름을 더 자세히 구분하기 위해 이름을 합쳐서 부르기도 해요.

- **난운 + 층운 = 난층운(비층구름)** 두껍고 평평하게 온 하늘을 덮어요. 비를 몰고 오는 회색 구름이지요.
- **적운 + 난운 = 적란운(쌘비구름)** 높이 솟은 아주 커다란 구름이에요. 소나기와 천둥을 동반하기도 해요.

# 구름 보고 길 찾기

구름을 조목조목 더 관찰해 보면 날씨를 예측할 뿐 아니라
길을 잃었을 때 돌아갈 곳을 찾을 수도 있어요!
그러면 어떤 방법들이 있는지 한번 살펴볼까요?

## 멈춰 선 구름

때때로 구름이 지평선 위 맑은 하늘에서 꼼짝도 하지 않고 떠 있는 걸 볼 수 있어요. 구름은 공기 중에 떠다니는 물방울이라는 걸 알고 있지요? 공기에 열기가 흘러 들어가면, 작은 물방울들이 한데 엉겨서 움직이지 않는 구름이 생길 수 있어요. 주로 섬이나 고도가 높은 지형에서 나타나지요. 주변에 다른 구름 없이 혼자 멈춰 있는 구름은, 그 지역의 지면 또는 해수면에 갑작스런 변화가 생겨서 대기가 흔들렸다는 걸 알려 줘요.

## 구름의 색깔을 해석하는 법

흐린 하늘에서 구름은 흰색부터 짙은 회색까지 다양한 색깔을 가져요. 이 구름은 커다란 거울과 같은 역할을 해서 구름 아래 있는 것을 반사해 보여 줄 수 있어요.

바다 한가운데나 빙하 지역에 있다면 이 현상을 관찰하기 아주 좋아요. 왜냐하면 풍경이 단조로운 곳에서 아주 작은 변화라도 생기면 곧바로 하늘에 나타날 테니까요!

푸른 바다에 둘러싸인 하얀 모래섬은 하늘이 흐릴 때, 구름에 그 모습이 또렷한 점처럼 비춰져요. 특히 깜깜한 밤에 구름은 빛을 더 잘 반사해요. 이 빛은 분명 사람들이 만든 것이겠죠?

## 직접 경험해 봐요

밤에 숲 한가운데서 길을 잃었다면, 구름을 관찰하세요. 구름 군데군데 노란색이 비치는 걸 볼 수 있을 거예요. 근처 도시의 불빛인 게 분명해요. 구름이 떠 있는 쪽으로 가면 도움을 구할 수 있을 거예요.

### 구름을 따라간 사람

1913년, 탐험가 '더글라스 모슨'은 남극에서 길을 잃었어요. 모슨은 해안가와 배를 찾으려고 흰 구름으로 덮인 하늘에 나타난 어두운 얼룩을 따라갔어요. 이 얼룩은 바로 바다가 구름에 비친 것이었지요!

# 무지개의 비밀

무지개는 공중에 떠 있는 물방울이 햇빛을 받아 일곱 빛깔로 나타나는 현상이에요.
태양과 관계가 깊기 때문에 무지개도 방향을 찾고 날씨를 아는 데 유용해요.

## 무지개는 어떻게 생길까요?

우리 눈에 햇빛은 하얗게 보여요. 하지만 사실 햇빛에는 여러 색깔이 섞여 있어요. 물방울은 프리즘처럼 햇빛을 분해해서 그 속에 숨어 있는 예쁜 색깔들을 나타내요. 우리가 '빨, 주, 노, 초, 파, 남, 보'라고 부르는 무지개 색깔이지요. 반대로 무지개 색깔을 모두 합치면 투명하고 하얀 햇빛 색이 될 거예요. 운 좋게 무지개를 만난다면, 잘 관찰해 보세요. 무지개가 항상 태양과 반대 방향에 나타나는 걸 알 수 있어요.

## 무지개를 만들어 봐요!

이 실험은 햇빛이 쨍쨍하고 맑은 날, 바깥에서 해야 해요. 태양이 구름에 가려지지 않았는지 꼭 확인하세요.

▶ 태양을 등지고 서요.

▶ 엄지로 꽉 막은 호스 또는 분무기를 이용해 공기 중에 아주 미세한 물방울을 뿌려요. 그럼 눈앞에 무지개가 나타날 거예요.

▶ 여러 높이에서 실험을 반복해 봐요. 놀랍게도 여전히 같은 곳에 무지개가 나타나요.

▶ 호스를 조이거나 분무기 노즐을 조정해서 물방울의 크기를 바꾸어 보세요. 무지개 빛깔의 농도가 변하는 걸 관찰할 수 있을 거예요.

## 다양한 색깔의 의미

물방울이 굵을수록 햇빛을 더 많이 분해해요. 무지개 색깔이 옅다는 건, 물방울이 아주 작다는 신호예요. 빨간색과 보라색이 아주 진하고 아주 생생할 때는 공기에 뜬 물방울이 크다는 걸 의미해요. 이럴 때 외출하고 싶다면 모자 달린 겉옷을 준비하세요!

## 무지개는 나침반이에요

여름에는 하루 중 특히 아침이나 저녁에 무지개가 나타나요. 겨울에는 대부분 한낮에 무지개가 나타나고요. 또한 여름에 무지개의 위치가 좀 더 높고, 겨울에 좀 더 낮아요. 하루의 시간대에 따라 무지개가 뜨는 방향은 아침에는 서쪽, 저녁에는 동쪽으로 변하고요. 이 모든 게 태양의 움직임 때문이라는 걸 눈치챘나요?

# 지구에서 바라본 달

하늘에 떠 있는 달이 항상 같은 모양이 아니라는 걸 눈치챘나요?
달은 매일 뜨는 시간이 다르고, 가끔은 낮에 우리 머리 위를 이동하기도 해요!
달의 움직임을 잘 이해하면, 달을 보고 방향을 찾을 수 있어요.

## 달의 다양한 얼굴

달은 지구의 위성이에요. 약 30일 주기로 지구를 한 바퀴 돌지요. 이런 달의 주기를 기준으로 만든 달력을 '음력'이라고 해요.

달은 스스로 빛을 낼 수 없고, 햇빛에 반사되어 빛나요. 낮에는 달이 하늘에 있어도 햇빛이 강해서 눈에 보이지 않지요.

달은 위치에 따라 각기 다른 모양으로 나타나는데, 이를 천문학 용어로 '달의 위상이 변한다'고 해요. 그 덕에 달은 초승달, 상현달, 보름달 등 다양한 이름으로 불려요.

## 달빛 산책

보름달이 뜨면 한밤중에도 바깥이 낮처럼 환해요! 달 표면이 햇빛을 반사하기 때문이에요. 눈이 내려 세상이 하얗게 변한 날이면, 눈이 달빛을 반사해 더욱 환하게 하지요.

달빛에 익숙해지면, 주위 풍경이 눈에 잘 들어와서 손전등 없이도 길을 찾을 수 있어요. 달빛이 아주 밝은 날에는 밤에도 그림자를 드리우는 것을 볼 수 있지요. 보름달이 뜰 때면 밤 산책을 한번 나가보세요. 색다른 관찰을 할 수 있을 거예요!

## 달의 주기

달은 조금씩 모양을 바꾸면서 매일 54분 정도씩 늦게 떠요. 지구가 자전하는 동안 달도 지구 주위를 돌기 때문이에요.

**❶ 초승달**
음력 2~3일경 해가 진 후 떠요.

**❷ 상현달(오른쪽이 볼록한 반달)**
음력 7~8일경 초저녁에 떠요.

**❸ 상현망 사이의 달**
혹처럼 불룩해요. 음력 14일까지 보여요.

**❹ 보름달(망)**
음력 15일 밤에 뜨는 둥근 달이에요.

**❺ 하현망 사이의 달**
음력 16일부터 21일쯤까지 볼 수 있어요.

**❻ 하현달(왼쪽이 볼록한 반달)**
음력 22~23일경 자정에 떠요.

**❼ 그믐달**
26~27일경 새벽이 되어서야 떠요.

**❽ 삭**
우리 눈에 달이 안 보이는 상태예요. 삭이 지나면, 다시 초승달로 돌아가 새로운 주기를 시작해요.

### 산책자의 수첩

달이 초승달인지 그믐달인지 헷갈린다면 dOp를 기억하세요! 달의 뾰족한 두 끝을 지나는 상상의 선을 그어서, 만들어진 모양이 p이면 초승달이고 d이면 그믐달이에요.

## 달은 어떤 영향을 줄까요?

달은 끌어당기는 힘이 있어서 지구의 바다에 영향을 줘요. 바닷물이 들어오는 '밀물'과 빠져나가는 '썰물' 현상이 나타나거든요. 보름달(망)이나 삭일 때 달은 지구, 태양과 일직선으로 나란히 위치해요. 이때 달과 태양이 끌어당기는 힘이 합쳐지기 때문에, 지구에서는 밀물과 썰물의 차이가 가장 큰 '사리'를 관찰할 수 있어요. 반대로 상현달과 하현달일 때는 태양과 지구, 달이 직각으로 놓여 끌어당기는 힘이 약해져요. 이때는 밀물과 썰물의 차이가 가장 작은 '조금'이 관찰되지요. 낚시 갈 계획이 있다면 알아 두는 게 좋아요!

그믐달

초승달

# 달은 훌륭한 나침반

달은 한 달을 주기로 끊임없이 변하기 때문에,
달의 모양을 보고 방향을 쉽게 알아낼 수 있어요.

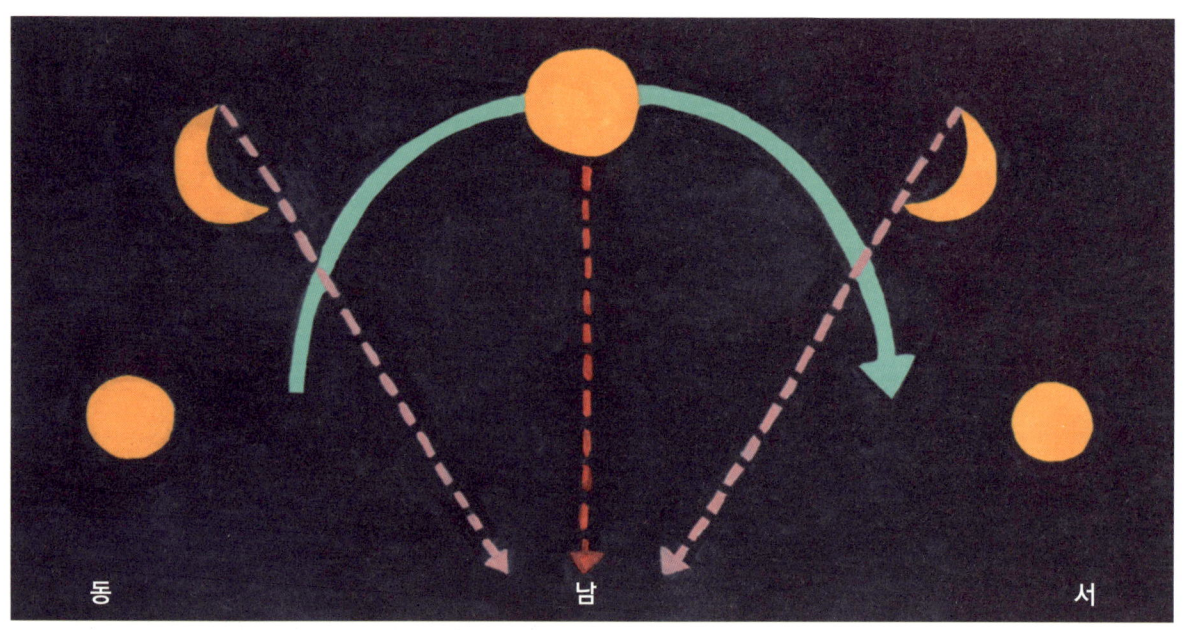

## 초승달과 그믐달이 나타내는 방향

초승달이나 그믐달이 보이면, 뾰족한 두 끝을 지나는 상상의 선을 그어요. 이 선과 지평선이 만나는 지점이 대략 남쪽이라고 생각할 수 있어요.

## 보름달일 때는?

보름달은 그날 해가 진 지점의 정반대 방향에서 떠올라요. 한여름에는 보름달이 뜨는 곳이 남동쪽이고, 한겨울에는 북동쪽이라는 걸 알 수 있어요.

## 상현달과 하현달이 뜨는 곳

우선 상현달과 하현달을 정확히 구별하세요. 상현달은 초저녁에 남쪽에 있고, 한밤중에 서쪽으로 져요. 반면 하현달은 한밤중에 동쪽에서 뜨고, 이른 아침에는 남쪽에 있어요.
상현달과 하현달에서 어둡고 밝은 경계선 부분을 유심히 살펴보세요. 조금 울퉁불퉁한 선과 주변에 혼자만 밝은 조그만 점들이 보일 거예요. 달에도 높이 솟거나 움푹 파인 지형이 있기 때문에, 햇빛이 고르게 닿지 않아 이렇게 보여요.

## 직접 경험해요

지평선 위로 떠오르는 달을 관찰해 보면, 평소에 보았던 달보다 훨씬 크다고 느껴질 거예요.

▶ 지평선 위로 달이 뜨면, 팔을 쭉 뻗어서 새끼손가락으로 달을 가려 보세요.

▶ 달이 하늘 높이 뜰 때까지 기다렸다가, 다시 한 번 새끼손가락으로 달을 가려 보세요.

▶ 새끼손가락과 비교했을 때, 달의 크기가 달라졌나요?

이건 착시 현상이에요! 달이 지평선 근처에 떴을 때는 주변에 보이는 물체와 같은 거리에 있다고 착각해서, 더 크게 보여요. 하지만 계절과 시간에 관계없이 달은 항상 같은 크기랍니다!

# 유명한 별, 북극성

이름이 왜 '북극성'인지 상상해 봐요.
북극처럼 춥거나 새하얀 빙하가 있어서 일까요?
아니에요. 예로부터 북쪽을 찾아 주는 별이기 때문이에요.

### 북극성은 어떤 별일까요?

작은곰자리에 속한 이 별은, '폴라리스'라고도 불려요. 가장 밝게 빛나는 별은 아니지만, 지구 북쪽 자전축 근처에 있어서 아주 쓸모가 많은 별이랍니다. 북극성에서 수직으로 선을 그어, 지평선과 만나는 점이 북쪽이에요.

### 북쪽을 절대 떠나지 않는 별

북극성이 하늘에 더 높이 떠 있을수록, 북쪽에 더 가까워지고 있다는 신호예요. 만약 여러분이 적도 지역에 살고 있다면, 북극성이 지평선에 닿아 있는 걸 관찰할 수 있을 거예요. 북극성은 당연히 북반구에서만 볼 수 있답니다.

## 북극성을 어떻게 알아볼까요?

북극성을 단번에 찾아내기는 쉽지 않아요. 북쪽 하늘의 별자리를 활용해 북극성을 찾는 두 가지 방법이 있어요.

### ❶ 북두칠성으로 북극성 찾기

▶ 큰곰자리의 꼬리 부분인 북두칠성을 찾아요. 손잡이가 달린 국자 모양 별자리예요.

▶ 국자 손잡이 반대편인 국물을 따르는 부분에서 별 2개를 볼 수 있을 거예요.

▶ 이 2개의 별 사이 거리를 위쪽으로 5배 연장한다고 상상해 보세요.

▶ 그 끝에 있는 별이 북극성이에요.

### ❷ 카시오페이아로 북극성 찾기

▶ 밤하늘에서 커다란 더블유(W) 모양인 카시오페이아를 찾아요.

▶ 카시오페이아의 양쪽 끝 별 사이를 잇는 상상의 선을 그어요.

▶ 그 상상의 선을 시계 반대 방향으로 90도만큼 돌리고, 길이를 2배 연장해 보세요.

▶ 그곳에 북쪽을 알려 주는 북극성이 있어요.

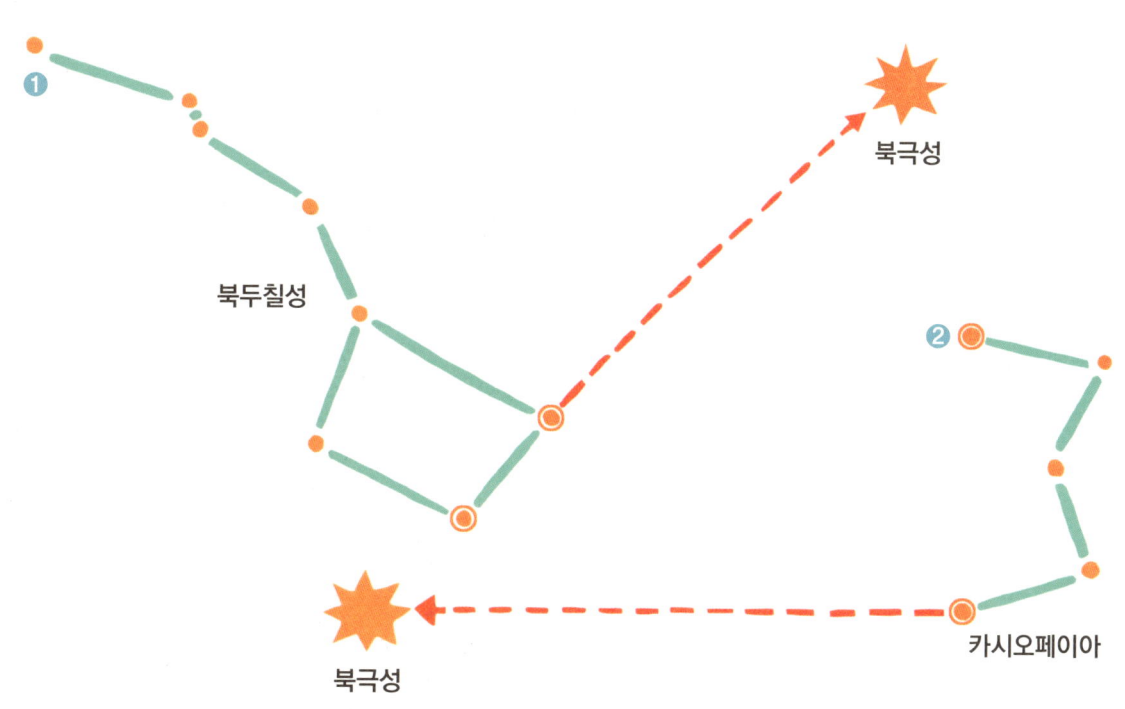

# 별자리의 흔적

**북극성 말고, 방향을 알려 줄 다른 별자리도 찾아봐요.
어떤 별자리는 특정한 계절 동안만 보이기 때문에
1년 내내 길을 찾기 위해서는 다양한 별자리를 알아 둬야 해요!**

## 겨울에는 어떻게 길을 찾을까요?

용맹한 전사 모양인 오리온자리가 겨울 하늘을 지켜요. 오리온자리 중간쯤 가로로 나란히 늘어선 별 3개가 있어요. 오리온의 허리띠 부분이에요. 그 허리띠 아래에 세로로 늘어선 다른 세 개의 별들은 오리온의 칼을 상징해요. 칼이 정확히 수직이면, 그 끝이 남쪽을 가리켜요.

오리온자리 허리띠의 세 별 중, 가장 오른쪽 별의 이름은 '민타카'예요. '오리온자리 델타', '오리온자리 34'라고도 불려요. 민타카는 밤하늘에서 밝게 보이는 별들 중 하나여서 맨눈으로도 쉽게 볼 수 있어요.
옛 사람들은 민타카를 행운을 가져다 주는 별로 여겼어요. 오늘날 이 별은 행운 대신 방향을 알려 줘요. 거의 정확하게 동쪽에서 떠서 서쪽으로 지거든요.

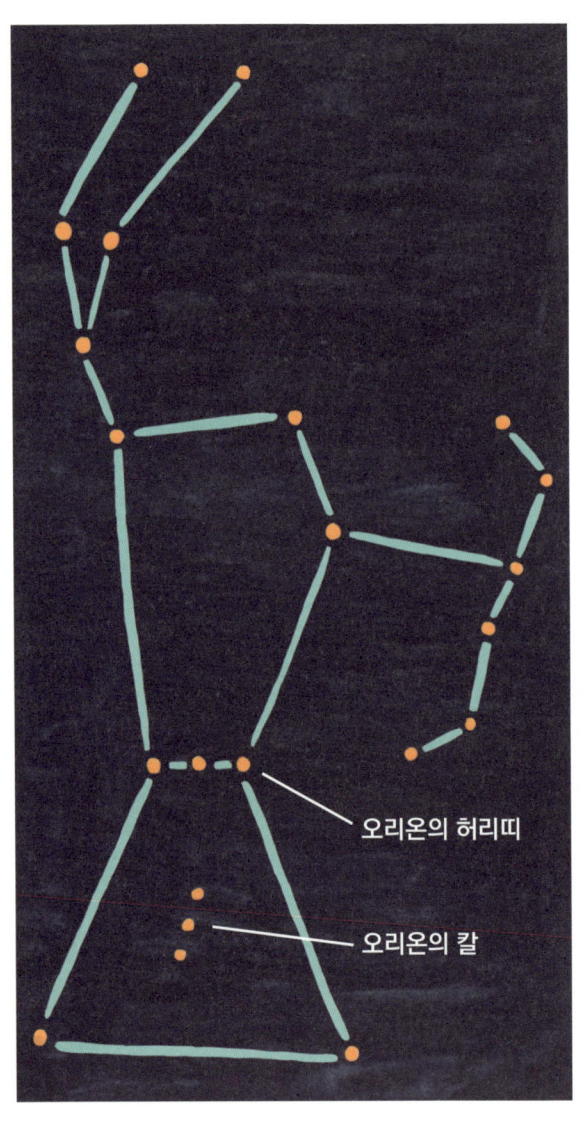

오리온의 허리띠

오리온의 칼

## 여름에는 어떻게 길을 찾을까요?

❶ **독수리자리** 여름에 볼 수 있는 별자리예요. 처음에는 알아보기 조금 어려울 수도 있지만, 날개를 당당히 펼치고 나는 독수리 모양을 찾아보세요. 독수리자리는 동쪽에서 떠서 서쪽으로 져서 방향을 알려 줘요.

❷ **전갈자리** 여름밤에 길을 찾는 데 이용할 수 있어요. 전갈의 집게 중 아래쪽 2개의 별이 수직으로 정렬되어 있으면, 이 별들을 잇는 상상의 선이 남쪽을 가리켜요.

❸ **사자자리** 엉덩이 부분에 있는 별 2개도 여름철에 남쪽을 알려 줘요.

## 남반구에서는 어떻게 길을 찾을까요?

브라질, 호주, 폴리네시아 또는 남아프리카를 여행할 때에는 북쪽을 가리키는 북극성을 볼 수 없을 거예요. 그렇다면 남쪽을 찾기 위해 하늘에서 특별한 별자리를 찾으세요.

❹ **남십자자리** 별자리 이름에서 알 수 있는 것처럼, 4개의 별로 이루어진 십자가 모양이에요. 우선 십자가의 두 선 중에서 더 긴 선의 길이를 5배로 연장하세요. 이 지점에서 지평선까지 수직으로 선을 그으면, 남쪽이 어디인지 알 수 있어요.

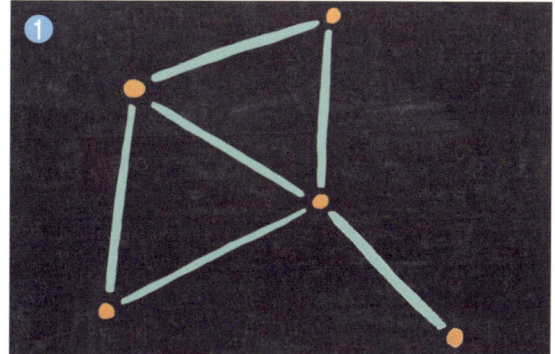
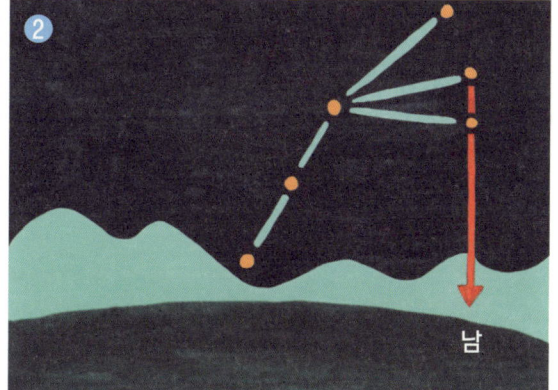
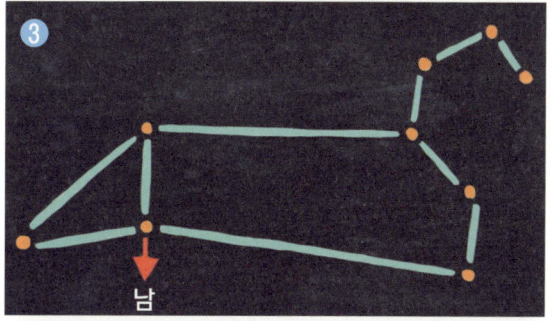
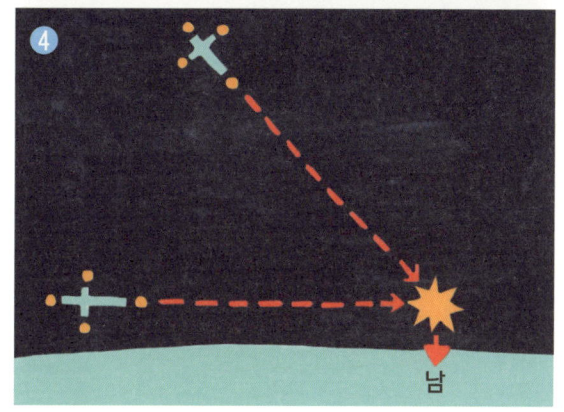

# 별자리 달력

북반구에서 1년 내내 남쪽 하늘을 관찰하면, 매달 별자리가 바뀌는 걸 알아챌 수 있어요. 이 별자리들은 적도 위에 있기 때문에, 북반구에서 보기엔 남쪽 하늘에 나타나는 거예요. 태양 주위를 공전하는 지구는 달마다 위치를 바꿔요. 그래서 지구에서 볼 수 있는 별자리가 시기마다 다르지요. 우리는 이런 현상을 이용해 별자리 달력을 만들 수도 있어요. 계절마다 다른 별자리 종류를 알아 두면, 언제든 밤하늘을 관찰해 남쪽을 찾을 수 있을 거예요. 정확한 결과를 얻으려면, 오후 10시에서 11시 사이에 하늘을 관찰하는 게 좋아요.

## 1월

**오리온자리**

추운 겨울밤, 오리온 전사가 우리를 지켜보고 있어요. 저 높은 하늘에 위풍당당한 모습을 드러내고, 칼이 수직일 때 남쪽을 정확히 알려 줄 거예요.

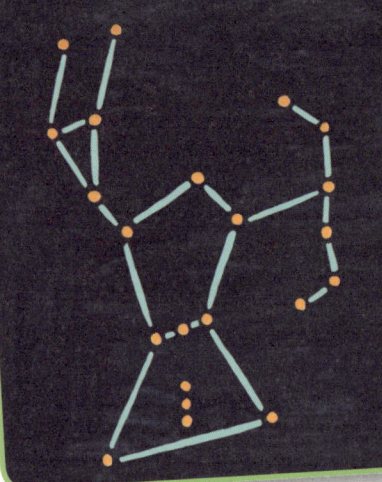

## 2월

**바다뱀자리**

눈 속에서 버드나무의 노란 새싹이 올라와요. 버드나무는 물을 좋아하기 때문에, 물이 있는 곳을 알려 줘요. 바로 이때 우리 머리 위에 별자리 중 가장 큰 바다뱀자리가 있어요.

## 3월

**육분의자리**

덤불이 되살아나고, 봄비가 내려요. 길가에서 땅을 뚫고 솟아나는 앵초를 볼 수 있어요. 육분의자리도 밤하늘에 모습을 드러내요.

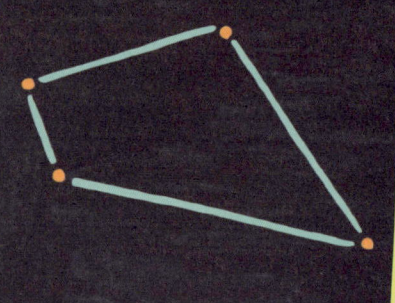

## 4월

**사자자리**

민들레와 제비꽃이 알록달록 피어난 걸 축하하기 위해, 사자자리가 컵자리에 들어서요. 사자자리 엉덩이 쪽 2개의 별이 수직으로 정렬될 때, 남쪽을 가리켜요.

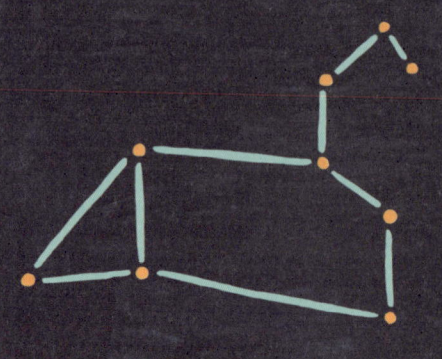

## 5월

**처녀자리**

태양이 수줍음을 덜 타서 낮이 길어져요. 밖으로 놀러 나갈 일도 많아지고요. 처녀자리에서 가장 밝은 별인 스피카가 하늘에 나타나요.

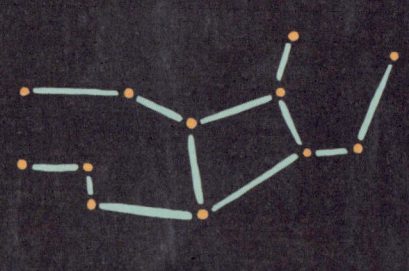

## 6월

**천칭자리**

여름이 다가오고 있어요. 들판이 초록빛으로 변하고 새들의 노랫소리가 더 활기차요. 천칭자리는 모든 것이 자연스럽게 균형을 이루고 있는지 확인하고 있어요.

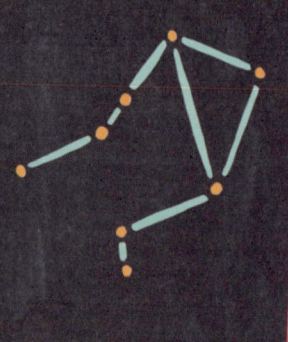

## 7월
### 전갈자리
우리가 여름휴가를 떠나면, 전갈자리는 굴에서 나와 집게를 보여 줘요. 집게의 아래쪽 별 2개가 수직으로 정렬될 때, 집게는 정확하게 남쪽을 가리키고 있어요.

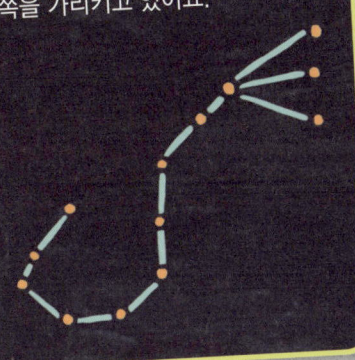

## 8월
### 궁수자리
모기가 성가시게 웽웽거리고 폭우가 몰아쳐요. 하늘에는 궁수자리가 지평선 위로 반 정도 모습을 드러내요.

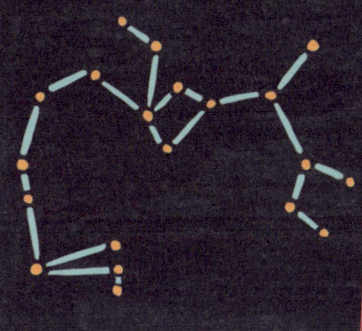

## 9월
### 염소자리
아주 이상한 시간이에요. 여전히 수영을 할 수 있을 정도로 날씨는 좋지만, 숙제가 쌓이기 시작하고 있어요. 염소자리가 새 학기를 응원해 줘요.

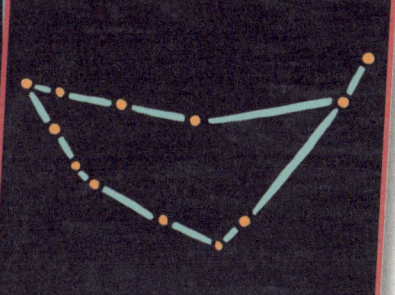

## 10월
### 물병자리
나뭇잎 색깔이 변하고 각종 버섯이 사람들의 눈길을 끌어요. 물병자리가 지평선에 물을 부어 주는 것 같아요.

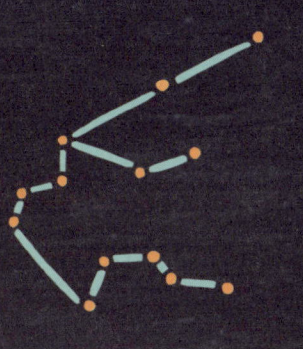

## 11월
### 고래자리
날씨가 쌀쌀해지고, 숲은 엄청나게 많은 낙엽으로 뒤덮이기 시작해요. 고래자리가 가을 밤하늘을 헤엄치고 있어요.

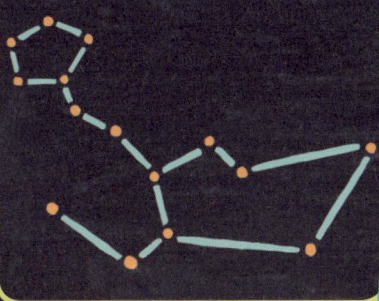

## 12월
### 황소자리
밤이 길어지고 낮은 1년 중 가장 짧아요. 하늘 높은 곳에서 황소자리는 사람들이 크리스마스에 먹을 음식이 무엇일지 상상하고 있어요.

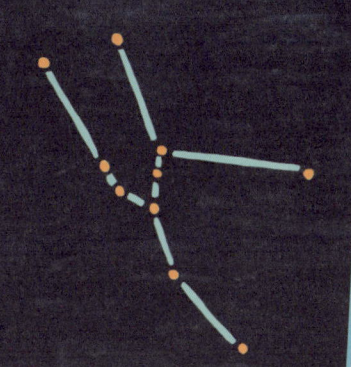

# 밤에 찾는 단서들

방향을 찾는 것 말고도, 별들 덕분에 할 수 있는 일이 많아요.
시간과 날씨를 추측하고, 시력도 검사해 볼 수 있답니다!

### 하늘을 보고 시간을 읽는 법

- ▶ 북극성과 북두칠성을 찾을 수 있어야 해요.
- ▶ 북극성이 시계 문자판의 중심이라고 생각해요. 북두칠성의 국자 부분 앞에 두 별을 이은 선이 시곗바늘이에요.
- ▶ 시계 문자판에 눈금이 좌우로 뒤집어졌다고 상상해요. 숫자 12는 맨 위, 9는 오른쪽, 6은 맨 아래, 3은 왼쪽에 있다고 말이에요.
- ▶ 시계는 매년 3월 7일에 정확하게 맞아요. 나머지 기간에는 조금 고장 난 상태라고 생각해야 해요. 그래서 정확한 시간을 찾으려면 계산이 조금 필요해요.
- ▶ 3월 7일 이후에는 밤하늘 시계에서 달마다 2시간을 빼야 시간이 맞아요. 한 달은 4주이니, 일주일 단위로는 30분씩 빼면 되겠지요.
- ▶ 머릿속으로 이렇게 계산하는 연습을 하면, 밤에 산책하다가 시계가 없어도 불편하지 않을 거예요.

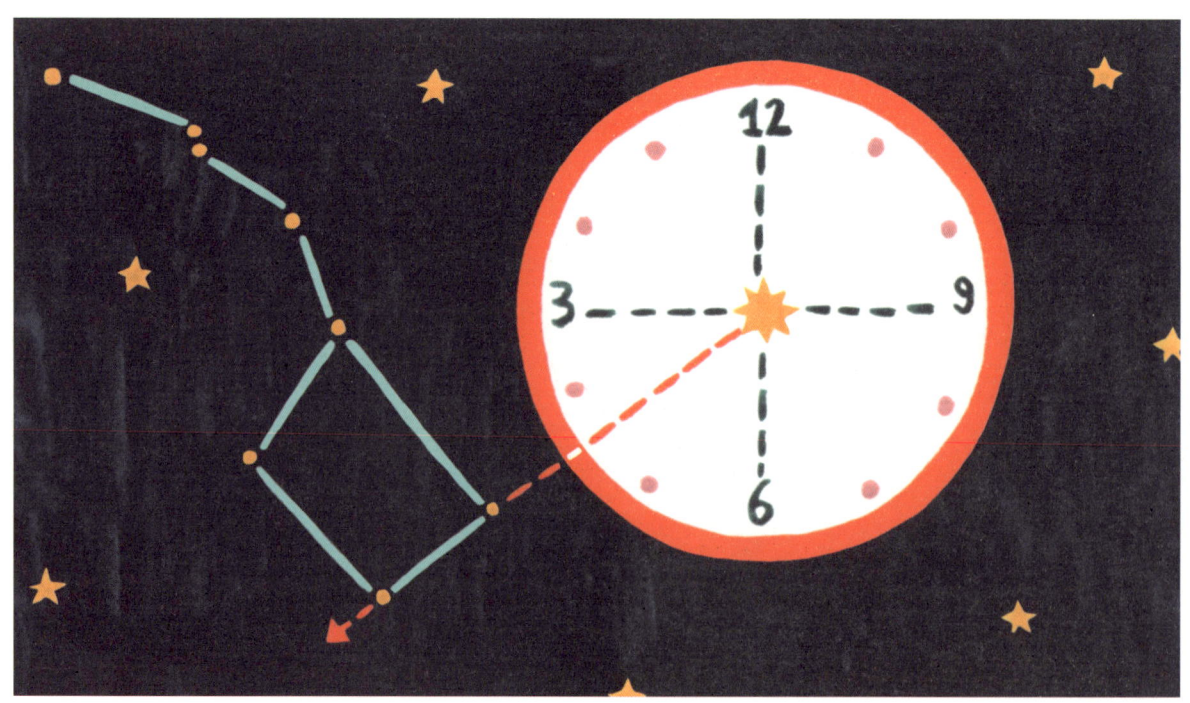

## 잘 보여요?

밤하늘을 보며 시력 검사를 해 볼까요? 북두칠성 손잡이 부분에서, 맨 마지막 별 앞에 별 2개가 나란히 있는 걸 찾아보세요. 그리고 팔 4개 달린 정사각형 모양 헤라클레스자리에서 몸통 안에 숨겨져 있는 별들을 찾아보세요. 이 별들이 보인다면, 시력이 아주 좋은 거예요.

## 별일까요, 행성일까요?

밤하늘에서 별 말고도 태양계 행성들이 지나가는 모습을 볼 수 있어요. 행성들은 보통 별보다 더 밝거나 더 화려해요. 하지만 중요한 건, 행성은 별보다 덜 깜빡인다는 사실이에요. 행성이 반사하는 빛은 별이 내는 빛보다 우주 공간을 더 짧은 시간 동안 이동하기 때문이에요.

## 날씨가 바뀔까요?

아주 밝은 별을 뚫어지게 바라보면, 그 별이 반짝거린다는 걸 알게 돼요. 별빛은 머나먼 곳에서 출발해, 우주의 진공을 통과하고 지구의 대기를 지나 우리 눈에 들어오기 때문이에요. 별이 더 강하게 반짝이며 흔들리는 것처럼 보일수록, 대기가 흔들리고 불안정하다는 걸 의미해요. 그렇다면 앞으로 날씨가 바뀔 수 있다고 예상할 수 있지요.

# 땅과 바다, 강에서
# 멋진 보물찾기

# 가까운 단서들

자연으로 모험을 떠나기 위해, 먼저 주변 풍경을 관찰하세요.
익숙한 곳도 처음 와 보는 것처럼 생각하면, 엄청난 단서를 찾을 수 있어요.
우리 발아래 무엇이 숨어 있는지 궁금하지 않아요?

## 자원이 풍부한 땅

숲에서 쉽게 볼 수 있는 흙은 낙엽, 부러진 나뭇가지, 동물의 사체가 썩고 분해되어 쌓인 거예요. 큰 바위와 돌멩이가 오랜 세월 동안 잘게 부서진 것이기도 하고요. 흙 밑에 있는 암석에서 우리는 다양한 자원을 얻을 수 있어요. 예를 들면, 불을 지피는 데 아주 유용한 부싯돌은 석회암이 많은 지역에서 발견돼요. 식물은 흙 속에 뿌리를 내리기 때문에, 흙의 종류와 땅 밑에 묻혀 있는 자원을 알려 주는 좋은 지표가 된답니다!

## 물의 역할

지구에서 물은 세 가지 형태로 존재해요. 기체인 수증기, 고체인 얼음, 액체인 물은 끊임없이 순환하며 지구의 지형을 바꿔요. 때로는 수천 킬로미터에 걸쳐 바위나 흙을 운반하지요. 또한 물은 생명체를 이루는 데 꼭 필요한 성분이에요. 생명체는 물이 없으면 살 수 없어요. 그러니, 목이 마를 때는 소중한 물이 있는 곳을 알려 줄 식물을 찾아야 해요!

## 시간은 풍경을 바꿔요

이제 우리는 오랜 시간에 걸쳐 바뀌는 지형과 물의 흐름을 읽어서, 방향을 찾는 법을 배울 거예요. 풍경은 수천 년, 심지어 수백만 년에 걸쳐 변해 왔고, 지금 이 순간에도 변하고 있어요. 산은 눈, 비, 우박 같은 기상 현상에 영향을 받아 조금씩 깎이며 무너져요. 이것을 '침식'이라고 해요. 침식으로 큰 바위가 잘게 쪼개지고, 작은 입자가 되어 산에서 조금씩 흘러내려요. 이 작은 입자들을 '퇴적물'이라고 부르는데, 물이나 바람이 이것들을 실어 나르지요. 퇴적물은 강이나 바다 언저리로 가서 쌓여요. 이렇게 쌓이는 현상을 '퇴적'이라고 해요. 수백만 년이 지나고 나면, 이 입자들이 서로 뭉치고 압력을 받아 새로운 암석이 만들어져요. 어쩌면 산이 새로 생길 수도 있고, 모든 것이 다시 시작될지도 몰라요. 아주 오랫동안 침식과 퇴적이 반복되는 것이지요!

# 바람의 놀라운 역할

바람은 낙엽을 실어 나르고, 꽃가루를 멀리 날려 퍼트려요.
새들도 바람을 타고 높은 하늘에 오르거나 아주 먼 곳으로 여행을 떠나지요.
바람이 어디에서 불어오는지 알면, 방향을 찾는 데 아주 유용하답니다.

### 바람은 어디에서 불어올까요?

바람은 공기가 이동하는 거예요. 공기는 무거운 쪽에서 가벼운 쪽으로 움직여요. 공기가 누르는 힘을 '기압'이라고 하는데, 일정한 부피에 공기 알갱이가 많아서 공기가 무거우면 기압이 높다고 해요. 반대로 공기가 가벼우면 기압이 낮다고 하고요. 공기는 기압이 높은 쪽에서 낮은 쪽으로 이동해요. 우리나라는 계절별로 이동해 오는 공기 덩어리가 달라요. 봄과 가을에는 남서쪽에서 따뜻하고 건조한 공기가 불어오고, 여름에는 남동쪽에서 덥고 습한 공기가, 겨울에는 북서쪽에서 춥고 건조한 공기가 이동해 와요.

## 바람은 무엇을 싣고 올까요?

눈과 비는 바람과 함께 이동해 나무줄기와 암석 위에 달라붙어요. 눈이 더 쌓인 곳이나 더 축축한 면을 찾으면 바람이 어디서 불어오는지 알 수 있어요. 또한 한겨울에 나무의 한쪽 면이 눈으로 덮여 있으면, 그쪽이 해가 잘 들지 않는 북쪽을 향하고 있다고 추측할 수 있어요.

바다에서 불어오는 바람은 습기를 싣고 오는데, 그렇기 때문에 작은 식물의 일종인 이끼류와 지의류가 자라는 데 도움을 줘요. 이런 생명체들은 축축한 바위나 나무줄기에서 잘 자라거든요.

또한 바람은 모래와 먼지 입자를 실어 나르는데, 이 입자들이 쌓여서 크기가 다양한 모래 언덕을 만들어요. 바람이 불어오는 쪽은 모래 언덕의 경사가 완만하고, 그 반대편은 경사가 가파른 모양으로 생겼어요.

## 나무가 자란 모양

나무에 일정한 방향으로 계속해서 바람이 불면, 그 나무는 이상한 형태로 자라요. 깃발처럼 생긴 나무의 형태를 관찰하면, 그 지역에서 주로 부는 바람의 방향을 알 수 있지요.

나란히 늘어선 나무들 무리에서 맨 처음 바람을 맞는 나무는 잘 자라지 못해요. 대신 첫 번째 나무의 보호를 받은 두 번째 나무는 조금 더 잘 자라요. 그래서 나무 무리는 멀리서 보면 파도 모양을 닮았어요. 이 파도 모양을 관찰하면, 바람이 어느 방향에서 불어오는지 알 수 있지요.

바람의 방향

# 바닷가 관찰하기

세찬 파도가 많이 치는 곳은 큰 자갈 또는 거칠고 알이 굵은 모래로 덮여 있어요. 물결이 잔잔한 곳은 고운 모래가 깔려 있어 파도를 더 꼼꼼하게 막아 주지요. 이처럼 바닷가에서 주변 환경을 살펴보면서 길을 찾는 몇 가지 방법이 있어요.

## 파도는 어떤 색깔을 만날까요?

바위 위에 지의류가 색깔별로 열을 지어 자라고 있어요. 바닷물에 잠기는 정도에 따라 다양한 종류의 지의류가 서식하기 때문이에요.

❶ **녹색 지의류** 돌에 붙어 있는 작은 덤불처럼 보여요. 이 이끼들은 파도에 잠기지 않아요.

❷ **주황색 지의류** 바위 위에 딱딱한 층을 만들어요. 이 지의류는 바닷물에 완전히 잠기는 걸 좋아하지 않지만, 밀물이 가득 들어온 만조에는 물속에 잠겨요. 색깔이 더 화려할수록 햇빛을 더 많이 받았다는 신호이므로, 남쪽을 나타내요.

❸ **검은 지의류** 기름에 오염된 게 아니에요. 밀물에 잠기는 지의류여서, 이 생명체를 발견하면 밀물과 썰물의 차이가 작다는 알 수 있어요.

## 무엇을 보고 방향을 찾을까요?

바닷가에서 자연이 보내는 수많은 신호를 쉽게 관찰할 수 있어요. 우선, 나무에 주의를 기울여 보세요. 나무의 생김새는 바람의 방향에 따라 달라요. 그리고 나무의 껍질을 살펴보면, 축축한 공기를 많이 접한 부분에 조그만 덤불 모양 녹색 지의류가 덮여 있을 거예요.

바다에서 내륙 쪽으로 조금 더 들어가면, 덤불과 풀을 볼 수 있어요. 이 키 작은 식물에서 그 지역에 주로 부는 바람이 만들어 낸 단서를 찾아봐요.

갈매기

▶ 잎과 줄기가 상한 쪽은 바다가 있는 방향을 가리켜요. 소금기를 머금은 물방울이 실려 오는 곳이지요.

## 새들이 길을 알려 줘요

바닷새가 아무리 헤엄을 잘 쳐도, 알을 낳고 둥지를 틀기 위해서는 단단한 땅이 필요해요! 먼바다일수록, 하늘을 보면 육지에 사는 새이건 바닷새이건 관계없이 날아다니는 새를 보기 힘들 거예요. 또 만약 바다의 특정한 곳에 새들이 몰려 헤엄치고 그 주변을 날아다닌다면, 그곳이 낚시하기 아주 좋은 장소라는 뜻이에요!

▶ 거미줄이 많이 발견되는 곳은 내륙 방향을 가리켜요. 바람이 덜 불어서 거미가 집 짓기 좋아하거든요.

### 산책자의 수첩

기압은 온도가 낮으면 높고, 온도가 높으면 낮아요. 바람은 기압이 높은 곳에서 낮은 쪽으로 분다는 사실을 기억하지요? 낮에는 땅이 태양열에 쉽게 달궈져서 육지의 온도가 높아 기압은 낮아요. 그래서 바람이 바다에서 육지로 불어요. 반대로 밤에는 땅은 쉽게 식고 바다가 태양열을 잘 간직해서 바다의 온도가 높고 기압은 낮아요. 그래서 바람은 육지에서 바다로 불지요.

# 흐르며 자연을 바꾸는 물

하늘에서 떨어진 빗물은 지표면에 스며들거나 땅 위를 졸졸 흘러요.
수많은 빗물이 모이면 계곡 같은 큰 물줄기가 되어 산에서 콸콸 흘러내리기도 하지요.
물의 흐름도 우리 주변 환경에 대해 많은 것을 가르쳐 줘요.

## 물줄기가 흐르는 곳

땅 위로 비가 내리면 움푹 들어간 지면에 물이 고여요. 이 물은 경사면을 따라 여러 줄기로 흐르다가 하나로 합쳐지기도 해요. 이렇게 해서 하천이 만들어진 거예요. 하천의 출발점은 '상류'라고 부르고, 바다로 흘러가는 지점은 '하류'라고 불러요. 길을 잃었을 때 돌아오는 길을 찾으려면 하천을 따라가 보세요. 사람들은 살아가는 데 많은 물이 필요하기 때문에, 하천 근처에 마을이 있을 가능성이 커요.

## 위치를 추정해요

물은 상류에서 맑고 시원하지만, 가파른 경사면 때문에 요동치며 흘러요. 하류에 가까워질수록 물줄기가 진흙과 모래 같은 퇴적물을 운반하면서 이동하는 시간이 길어져요. 퇴적물이 얼마나 섞여 있느냐에 따라 물이 맑을 수도, 아주 뿌옇게 흐릴 수도 있어요. 하류에서는 경사가 완만해서 물이 잔잔하게 흐르고 물의 온도도 더 높아요.

## 물은 예술가예요

상류에서 물은 아주 활기차요. 아주 빠르게 흘러서 폭포를 만들고 크고 각진 바위도 옮길 수 있어요. 상류에서 멀어지면서, 물이 옮기는 물질이 점점 더 작아지고 둥글어지는 걸 관찰할 수 있어요. 바위가 깎여 자갈과 조약돌이 되는 거죠. 하류의 물은 차분히 흘러서 아주 미세한 퇴적물을 운반해요. 이것들이 쌓여 곡선이 아름다운 모래 둑이나 진흙 둑을 만들기도 해요.

### 산책자의 수첩

강가에서 길을 잃었을 때 이 말을 기억하세요. "강이 너를 집으로 데려다주지 못해도 어쨌든 그 강을 따라가라. 강이 다른 사람에게 너를 인도할 것이다."

# 강은 친절한 안내자

상류에서 하류를 향해 걷다 보면, 강 모양이 규칙적으로 변하는 게 보여요.
이런 강의 독특한 특성으로 우리는 위치를 짐작할 수 있어요.
어떤 연못은 강이 어디에 있는지 알려 주기도 해요.

## 구불구불 흐르는 강

상류에서 강물은 매우 힘차고 빠르게 흘러서, 도중에 만나는 장애물을 손쉽게 치워 버리고 곧은 모양으로 길을 만들어요. 경사가 완만해지면, 강물의 속도가 느려지며 강에 구불구불한 굴곡이 생겨요. 경사가 거의 없는 지역에서는 물줄기가 여러 개로 갈라지다가, 서로 얽히는 것을 관찰할 수 있어요. 이렇게 물줄기가 합쳐지는 걸 '합류'라고 말해요.

## 소뿔 모양 연못은 무슨 신호일까요?

강이 아주 심하게 구불거리며 흐를 때, 곡선 바깥 경사면은 깎여 나가고, 곡선 안쪽에는 퇴적물이 쌓여 가요. 이런 굴곡은 조금씩 고리 모양을 만들다가, 반지처럼 생긴 닫힌 고리가 돼요. 물줄기의 양 끝이 동그랗게 만나서 섬이 생기지요. 시간이 흘러, 강이 고리의 바깥 부분인 동그란 부분과 끊어져 소뿔 모양 또는 초승달 모양의 연못만 남아요. 그래서 이 연못의 끝부분을 따라가면 강을 발견할 수 있어요.

## 강 표면에 떠 있는 것

강의 상류에서 기름이 물 위에 얇게 뜬 것처럼 보이는 무지갯빛 얼룩을 관찰할 수 있어요. 놀라지 마세요. 공장에서 오염 물질이 흘러나온 게 아니에요. 고도가 높은 곳에 사는 전나무, 소나무, 가문비나무 같은 몇몇 침엽수에서 나온 기름이에요. 아주 자연스러운 '오염'인 셈이지요! 하류에서는 물이 너무 느리게 흘러서 마치 가만히 고여 있는 것처럼 보여요. 물의 표면은 개구리밥으로 덮여 있는데, 개구리밥은 양분이 풍부한 곳에서 자라는 작은 수생 식물이에요. 개구리밥이 많이 보인다면, 비료가 강까지 흘러 내려왔다는 신호예요. 분명히 주변에 넓은 밭이 있을 거예요.

## 물의 색깔이 전하는 신호

물을 유리컵에 담으면 투명해 보이지만, 욕조에 넣으면 살짝 푸른 색깔이 생겨요. 물은 깊이가 깊을수록, 더 파랗게 보이거든요. 물 아래 있는 바닥은 표면에서 보이는 물 색깔에 영향을 줘요. 수심이 얕고 모래가 깔린 바다는 아름답고 밝은 초록색을 띤 푸른색으로 보여요. 물속에 플랑크톤이 많으면 물은 짙은 녹색으로 변해요. 물속에 있는 바위나 미역 같은 갈조류는 물 색깔을 어둡고 짙게 만들고요. 구름도 계속 움직이면서 바다 여기저기에 어두운 반점 같은 그림자를 드리워요.

# 산이 보내는 신호

수만 년 동안 엄청난 힘이 지표면의 한 지점을 밀어 올려서 산이 만들어져요.
산은 어마어마하게 크고 넓어서 산책하기 힘들어 보이지만
산책자들에게 방향에 대한 정보를 친절하게 알려 주고 있어요.

## 계곡의 모양이 다른 이유

지면에 물이 흐르거나 빙하가 굴러떨어지면서 계곡이 생겨나요. 물뿐 아니라 얼음도 움직인답니다! 계곡 모양은 무엇이 충격을 가하느냐에 따라 달라요.

▶ **V자형 계곡** 물이 거세게 흐르며 브이(V)자 모양으로 산을 좁고 깊게 파 놓은 거예요.

▶ **U자형 계곡** 빙하가 파 놓은 거예요. U자형 계곡의 끝에서 '피오르'라고 부르는 거대한 호수를 종종 발견할 수 있어요. 피오르는 빙하가 녹고 바다가 그 자리에 밀려들어 만들어진 호수예요.

## 산은 나침반이에요

땅 밑에 있는 2개의 거대한 암석 판이 서로 충돌하면, 땅이 거대한 주름을 만들어 내며 솟아올라요. 이것이 바로 산맥이에요. 안데스산맥과 히말라야산맥, 피레네산맥 등이 판이 충돌하면서 만들어졌어요. 이런 지역은 화산 활동이 활발하고 지진이 자주 일어나요. 산맥을 만든 판이 무엇인지 알면, 산맥을 보고 방향을 추정해 볼 수 있어요. 예를 들어 피레네산맥은 이베리아 판과 서유럽 판의 경계를 따라 서쪽에서 동쪽으로 줄지어 있어요.

## 북쪽과 남쪽을 어떻게 찾을까요?

산속을 걷다 보면, 비탈면에 따라 완전히 다른 식물이 자라는 걸 관찰할 수 있어요. 그 이유가 무엇일까요?

▶ **음지(응달)** 북쪽을 향해 있어서 햇빛이 잘 들지 않아요. 추워서 눈도 늦게 녹고요. 이런 환경에서는 햇빛을 받기 위해 우뚝 솟은 큰 나무들이 거대한 숲을 이루고 있어요. 눈이 오랫동안 녹지 않으니 스키장으로 활용하기에도 좋아요.

▶ **양지(양달)** 남쪽을 향하고 있어서 햇빛이 아주 잘 내리쬐고 있어요. 따뜻해서 눈도 금방 녹지요. 생명체가 살기 좋은 환경이기 때문에 집과 밭, 동물을 더 많이 볼 수 있어요.

# 물가를 찾아 주는 단서

모든 생명체가 살아가려면 물이 반드시 필요해요.
우리 몸의 약 60퍼센트가 물로 이루어져 있어서 우리는 물 없이 단 3일도 버티지 못해요.
그러니 자연에서 물을 구하는 일은 생존과 관련 있는 아주 중요한 문제이지요.

## 물을 좋아하는 식물

자연에서 몇몇 나무와 식물 근처를 뒤져 보면 물을 찾을 수 있어요. 어떻게 그 식물들을 알아볼 수 있는지 그 방법을 소개할게요.

❶ **버드나무** 나무껍질에 작은 별처럼 생긴 흔적이 있어요. 버드나무는 겨울이 지나면 노란 뭉치들로 뒤덮이기 때문에, 멀리서도 알아보기 쉬워요!

❷ **오리나무** 물에 사는 오리처럼 이 나무도 물을 좋아해요. 끝이 뾰족한 타원형 잎을 달고 있어요.

❸ **부들** 잎과 줄기가 기다랗고, 연못 가장자리나 습지에서 자라요. 옛날에는 부들로 돗자리, 방석, 짚신, 부채를 만들어 썼어요.

❹ **노랑꽃창포** 연못가에 많이 심는 식물이에요. 축축한 땅에서 잘 자라거든요.

❺ **골풀** 습한 땅에 빽빽하게 모여 자라요.

## 동물들도 물가를 좋아해요

날아다니는 곤충 중에는 번식을 하려고 물가로 향하는 곤충이 많아요. 물이 있는 곳에 알을 낳고, 알에서 부화한 애벌레는 물에서 자라지요. 숲속을 산책하다 보면 작은 날파리, 모기, 잠자리가 조금씩 많아지는 걸 느낄 수 있을 거예요. 그럼 연못이나 개울이 가까워지고 있다는 신호예요. 숲에 사는 몸집이 큰 포유류도 매일매일 물을 마셔야 해요. 같은 방향으로 향하는 동물 발자국을 많이 발견했다면, 따라가 보세요. 조금 있으면 물가에 도착할 거예요.

# 식물은 비밀 정보원

식물이 번성하려면 햇빛과 물, 흙 속의 다양한 영양분이 필요해요.
식물을 관찰하면, 발아래 숨겨져 있는 것과 환경에 대한 정보를 얻을 수 있어요.
앞으로 어떤 종류의 땅을 걷게 될까요? 사람의 손길이 닿은 곳일까요?

## 수국 색깔은 왜 다른 걸까요?

수국은 정원이나 숲속, 또는 길 가장자리에 피는 예쁜 꽃이에요. 수국은 뿌리내린 토양의 산성도에 따라 다양한 꽃 색깔을 뽐내요.

❶ **푸른색 꽃(산성 토양)** 주변에서 고사리류, 진달래, 골담초를 발견할 수 있어요. 소나무와 전나무, 가문비나무 같은 침엽수 숲이 있고요. 늪 같은 축축한 곳에서 자라는 식물들이 시들어 진흙과 함께 섞여 있고, 화강암과 청석돌이 많아요.

❷ **분홍색 꽃(염기성 토양)** 주변에서 주로 큰꽃으아리, 소사나무, 참나무를 보게 될 거예요. 나무 아래에서 부싯돌로 쓰이는 석영을 발견할 수 있어요. 이런 토양이 있는 지역은 절벽 안쪽에 석회 동굴이 있을 가능성이 커요. 어쩌면 동굴 안에서 종유석과 수많은 샘들을 구경할 수도 있어요.

## 식물은 안내자예요

사람의 흔적을 잘 나타내는 식물이 있어요. 길을 잃었을 때, 그 식물을 발견하면 아주 반갑겠지요!

❸ **쐐기풀** 영양이 풍부한 토양을 좋아하고, 잘 뜯겨 나가는 특성이 있어요. 그래서 비료를 뿌려 비옥한 밭 가장자리에서 잘 자라고, 동물들이 풀을 뜯는 목초지에서는 자라지 않지요. 때때로 숲길이나 고속 도로 한쪽에 쐐기풀이 잘 숨어 왕성히 자라고 있는 걸 볼 수 있어요. 이것은 그 토양에 인산염과 질소가 풍부하다는 걸 의미해요. 인산염과 질소는 사람과 개의 소변에 많이 들어 있어요. 사람들은 숲을 산책하다 소변이 마려우면 산책로 주변 풀숲으로 갈 거예요. 그러니 쐐기풀이 있다는 건, 그쪽으로 사람들이 자주 다닌다는 걸 의미해요.

❹ **애기똥풀** 식물을 관찰해 과거에 주변에서 무슨 일이 있었는지 추리할 수 있어요. 석회암이 있는 지역을 산책하는데, 갑자기 염기성 토양을 좋아할 것 같지 않은, 애기똥풀 같은 식물이 나타났다면, 그건 토양의 성질이 바뀌었다는 신호예요. 그 자리에 오래된 건축물이 있었을 수도 있고, 근처에 사람이 살았다는 의미일 수도 있어요. 고고학자들은 발굴 장소를 정하기 위해 이렇게 안내 역할을 하는 식물을 활용한답니다.

### 산책자의 수첩

정원사는 푸른색 수국을 피우기 위해 잘게 부순 청석 돌을 땅에 뿌려요. 분홍색 꽃을 원하면 흙으로 구운 기와나 화분을 깨서 땅에 깔고요. 식물을 잘 이해하면 아주 멋진 정원을 가꿀 수 있겠죠?

# 숲길 걷는 법

숲에서 많은 시간을 보낼수록, 숲길이 아주 다양하다는 걸 알 수 있어요.
넓은 길, 아주 좁은 길, 곧은 길, 구불구불한 길, 모래가 깔린 길, 질퍽한 길 등이 있지요.
그러면 숲길을 찾는 데 도움이 될 만한 몇 가지 단서를 알려 줄게요.

### 사람이 자주 다니는 길

마을로 가는 길을 어떻게 찾을까요? 가장 넓은 길을 따라가세요. 숲에 오는 사람들이 가장 많이 이용하는 길이니까요. 많은 사람이 그 위로 걸어 다녔기 때문에, 길이 평평하고 반듯하게 나 있어요.

❶ **질경이** 사람들에게 밟히는 걸 좋아하는 작은 식물이에요. 잎맥이 나란한 모양이어서 금방 알아볼 수 있어요. 질경이가 있으면 그 길은 사람들이 많이 지나는 모래 토양이에요! 질경이는 또 다른 쓰임이 있어요. 쐐기풀에 찔렸을 때 질경이 잎을 으깨서 문지르면 통증과 가려움이 가라앉아요.

### 도로로 통하는 길

숲속에 여러 갈래로 길이 나 있다면, 어디로 가야 할까요? 모든 길의 폭이 비슷하면 길과 길이 만나는 모퉁이를 잘 관찰해요. 사람들은 귀찮은 마음에 모퉁이를 그냥 밟고 지나가요. 그래서 모퉁이가 뭉툭하면 사람들이 그쪽 방향으로 자주 다닌다는 신호예요! 또는 밟히기 좋아하는 질경이 잎이 많은 모퉁이를 찾아요.

## 길에서 방향을 찾는 방법

어떤 식물은 유난히 빛을 좋아해요. 이런 식물은 해가 잘 드는 남쪽을 알려 줘요.

❷ **나무딸기** 봄부터 줄기 끝에 새싹을 틔우는데, 그 새싹은 사람이 먹을 수 있어요. 새싹을 오랫동안 씹어 보세요. 처음에는 떫은맛이 나는 차를 마시는 것 같지만, 곧 다른 맛을 발견하게 될 거예요. 나무딸기가 햇빛을 듬뿍 받으면 새싹은 코코넛 열매 맛이 나요. 그런 맛을 느꼈다면 새싹이 자란 쪽이 남쪽을 가리키고 있다는 말이겠죠. 다른 방향을 향해 있으면, 버터처럼 고소한 맛이 나요.

### 한 번 더 조심!

자연에 있는 모든 식물을 먹을 수 있는 건 아니에요. 잘 모르는 식물이라면, 맛을 보기 전에 꼭 어른에게 물어 보세요. 독이 들었을 수도 있으니까요!

# 동물과 식물이 건네는 이야기

# 활기찬 생태계

식물은 번식하기 위해 태양이 필요하고, 동물은 식물을 먹고 자라요.
그래서 이 작은 세계는 모두 태양이 움직이는 경로에 영향을 받지요.
길을 잃었을 때 동물과 식물들을 잘 살펴보세요.
집으로 돌아오는 길을 안내해 줄 거예요!

## 돌고 도는 생태계

모든 생명체가 주위 환경과 깊은 관계를 맺으며 살아요. 수많은 동식물과 그들을 둘러싸고 있는 공기, 땅, 물과 같은 것들을 모두 아울러 '생태계'라고 불러요. 한 생태계에서 모든 생명체와 환경은 서로서로 영향을 주고받지요.
생태계에 사는 생명체는 생산자, 소비자, 분해자로 구분할 수 있어요. 해조류나 녹색 식물은 태양 빛을 이용해 양분을 스스로 만드는 생산자예요. 소비자는 다른 생물을 먹고 자라는 생명체이고요. 풀을 뜯는 토끼도, 토끼를 잡아먹는 호랑이도, 우리 인간들도 모두 소비자예요. 생태계에 사는 모든 생명체는 언젠가는 죽어요. 시간이 지나면 그 사체는 썩어 없어져요. 하지만 실제로는 곰팡이 같은 분해자가 분해해 생태계로 되돌려 놓는 거예요. 그럼 그 땅에서 식물이 자라나며 다시 생태계의 순환이 시작되지요!

## 다양한 생명체

생명체는 현미경으로만 볼 수 있는 아주 작은 세포가 적어도 하나 이상 결합돼 만들어졌어요. 과학자들은 세상에 존재하는 다양한 생명체를 관찰해 특정 기준에 따라 분류했어요. 예를 들어 에너지를 얻는 방법에 따라 생명체를 분류할 수 있어요. 엽록소를 통해 태양에서 에너지를 얻으면 식물, 다른 생물을 먹어서 에너지를 얻으면 동물로 분류하지요.

## 태양의 영향

어떤 식물들은 태양 에너지를 엄청 좋아하고 또 어떤 식물들은 그늘을 더 좋아해요. 버섯은 태양에 너무 많이 드러나는 걸 피하는 반면 어떤 동물들은 햇빛을 쬐기 위해 온종일 태양을 쫓아다녀요. 이렇게 동물과 식물의 다양한 특성 덕분에 우리는 쉽게 북쪽과 남쪽을 찾을 수 있어요. 태양이 남쪽에 가장 오래 머문다는 사실을 기억하세요.

# 나뭇잎이 하는 일

나무는 숲속의 으리으리한 거인이에요. 방향을 찾을 때 아주 좋은 지표이지요.
이 거인들은 태양과 바람에 영향을 받으며 수십 년 동안 자랐어요.

**나무는 태양광 발전소**

나무는 땅에서 물과 무기질을 빨아들이고, 태양 빛을 듬뿍 받은 수많은 나뭇잎은 이산화 탄소를 흡수해서 영양분을 만들어요.

이것을 광합성이라고 해요. 나무가 광합성으로 만들어 내는 것 중, 사람에게 아주 중요한 물질이 있어요. 그건 바로 산소예요! 나무 덕분에 우리가 숨을 쉴 수 있어요.

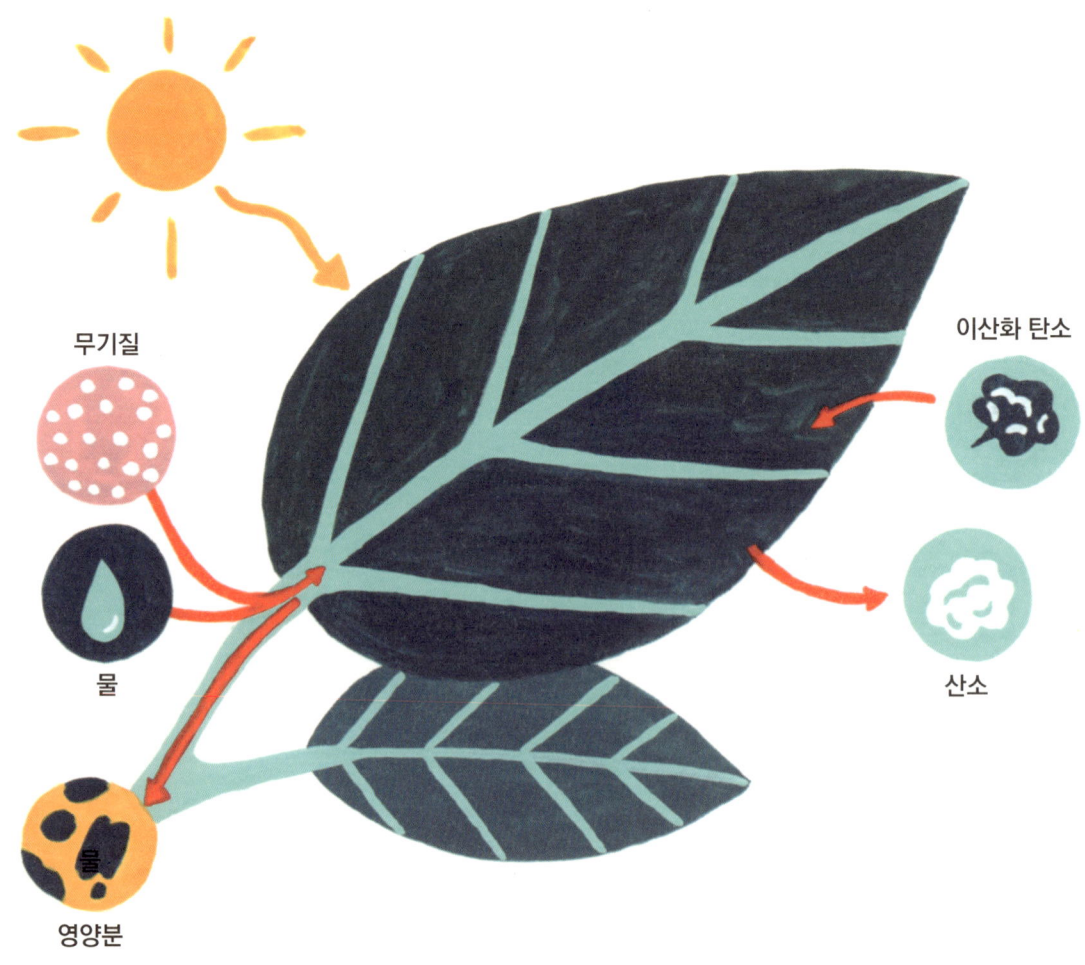

### 산책자의 수첩

조금 더 정확한 결과를 얻고 싶다면, 나무를 여러 그루 관찰하세요. 적어도 다섯 그루 정도 살펴보고 방향을 신중하게 정해요.

### 북쪽으로 난 나뭇잎 찾기

나무를 빙 둘러본 다음, 나뭇가지 끝에서 자라나는 나뭇잎을 골라서 관찰해 봐요. 나무는 햇빛에 따라 잎사귀 모양을 바꿔 적응하거든요.

❶ **그늘 속 잎** 보통 크기가 더 크고, 색이 어둡거나 뒤틀림이 적어요. 이런 나뭇잎이 많은 곳은 북쪽을 향하고 있어요.

❷ **햇빛을 많이 받은 잎** 크기가 더 작고 더 밝은색인 데다, 윤곽이 뚜렷해요. 이런 잎이 모여 있는 방향이 남쪽일 거예요.

### 나무로 남쪽을 찾는 법

남쪽에 해가 제일 잘 비춰요. 그래서 햇빛을 좋아하는 나무는 이 방향으로 몸을 더 많이 틀려고 애쓰지요. 숲속에서 방향을 찾을 땐 반드시 가장 크고 오래된 나무를 골라야 해요. 주변 식물들이 그림자를 드리울 수 없을 정도로 큰 나무면 돼요. 만약 들판에 외따로 서 있거나 숲길 한가운데에서 눈에 띄는 나무를 발견했다면, 멀리 떨어져서 관찰해 보세요. 나뭇잎이 한쪽 면에 더 많이 나 있는 걸 볼 수 있어요. 그 방향이 남쪽이에요.

# 나무 보고 길 찾기

어떤 나무들은 겨울이 되면 잎이 전부 떨어져 나뭇잎으로 방향을 찾을 수 없어요.
하지만 걱정 마세요! 헐벗어 가지만 남은 나무도, 방향을 알려 줄 수 있답니다.

## 나뭇가지들은 어느 방향을 향할까요?

잎이 없는 나무를 관찰하다 보면, 어떤 가지들은 다른 가지들보다 더 길고 더 수평으로 누워 있다는 걸 알 수 있어요. 나무는 태양광 발전소라고 한 걸 떠올려 보세요.
나무는 빛을 더 잘 받으려고 남쪽을 향해 최대한 길게 가지를 뻗었을 거예요. 그렇다면 수평으로 누운 가지가 남쪽을 가리키고, 반대로 수직으로 서 있는 가지는 북쪽을 가리킬 가능성이 높아요.

## 나무들이 구부러진 이유

바다와 가까이 있다면, 낮에는 바다에서 육지로 바람이 불어 나무를 빗질할 거예요. 그러면 나뭇가지가 내륙 방향으로 기울어져 있겠지요. 내륙 쪽으로 조금 더 들어가면, 바람의 세기는 약해져요.
하지만 그 지역에 일정한 방향으로 바람이 분다면 이때도 나무가 한 방향으로 기울어질 수 있어요. 뿌리 쪽을 자세히 관찰해 보세요. 가장 많이 흔들리는 부분, 즉 바람이 불어오는 방향에 있는 뿌리가 가장 굵고 튼튼하겠지요?

## 나무껍질 색깔의 비밀

숲속에서 나무줄기를 둘러보세요. 껍질들이 조금씩 다르다는 걸 알 수 있어요. 태양에 가장 많이 드러나는 부분은 색깔이 더 밝아요. 우리가 피부를 보호하기 위해 자외선 차단제를 바르는 것과 비슷한 이치지요. 태양에 가장 덜 드러나는 쪽 나무껍질을 좀 더 자세히 살펴보세요. 나뭇결이 더 많고 나무가 숨 쉬는 작은 구멍들도 더 많아요.

# 각양각색의 나무들

나무가 잘 자라려면 필요한 영양분을 땅에서 얻어야 하고
햇빛도 적절하게 받아야 해요. 너무 많이 받아서도 적게 받아서도 안 되지요.
하지만 필요한 햇빛의 양은 나무의 종류마다 조금씩 다르답니다.

## 자작나무는 다 모여라!

자작나무는 빈터에서 자라며 때때로 숲에서도 볼 수 있어요. 나무껍질이 흰색이고 높이 뻗어 자라는 나무이지요. 조금만 주의를 기울이면 자작나무가 숲의 특정한 지역에는 많지만, 다른 곳에는 전혀 없다는 걸 눈치챌 수 있어요. 자작나무는 자라는 데 정말 많은 빛이 필요해요. 그래서 빛이 잘 드는 숲의 남쪽 지역에 뿌리를 내려 번식하는 걸 좋아한답니다.

## 그늘에서 자라는 나무

빛을 좋아하는 자작나무와 달리 그늘을 좋아하는 나무도 있어요. 이런 나무들은 키 큰 나무의 그림자가 드리워진 곳, 또는 숲의 북쪽 지역에서 더 잘 자라요. 이런 종류의 나무를 알아보는 방법은 간단해요. 빛을 최대한 흡수하고, 거의 반사하지 않기 때문에 잎사귀 색깔이 아주 어둡거든요. 호랑가시나무, 월계수, 진달래, 주목 같은 나무가 여기에 속해요.

## 마을로 안내하는 나무들

숲은 나무로 가득해요. 숲에서 자연적으로 번식한 나무가 있는가 하면, 사람들이 목재로 사용하려고 심은 나무도 있어요. 참나무, 소사나무, 소나무, 전나무, 너도밤나무, 단풍나무는 보통 스스로 번식해요.

사람들은 예쁜 꽃을 피우는 장식용 나무를 심는 걸 좋아해요. 이런 나무 중에는 오래전부터 숲에서 자라는 것도 있지만, 외국에서 수입해 온 것도 있어요. 외국에서 온 나무들은 자연에서 스스로 자란 게 아니겠지요. 만약 숲길 가장자리에서 밤나무와 비슷하게 생긴 마로니에나 둥근 열매가 달리는 유럽피나무를 만났다면, 마을이 멀지 않았다는 신호예요.

# 나무가 주는 특급 정보

주의를 기울여 나무를 자세히 관찰하면 나무들이 작은 비밀을 알려 줄 거예요.
어떤 나무는 냄새나 특별한 신호로 산책자에게 필요한 단서를 주지요.

## 버즘나무의 위장 작전!

플라타너스라고도 하는 버즘나무는 군인이 위장한 것 같은 나무껍질을 가졌어요. 버즘나무는 자동차에서 나오는 오염 물질을 잘 흡수하고, 사람들이 다니며 짓밟아도 뿌리가 잘 견뎌서 주로 큰길가에 가로수로 심어요. 버즘나무의 껍질은 마술을 부리는 것 같아요. 오염 물질을 흡수한 겉껍질은 작은 조각으로 부서져 떨어져 나가고, 태양에 가장 많이 드러나는 쪽은 껍질이 금방 다시 생겨서 더 밝은색을 띠어요. 따라서 나무껍질이 밝은 쪽이 남쪽을 가리키겠지요.

## 꽃과 열매가 많은 곳

봄이 되면 나무는 조금씩 꽃으로 뒤덮이는데, 이 꽃들은 새와 곤충을 끌어들여요. 다른 식물로 꽃가루를 옮기는 작은 동물들에게 잘 보이기 위해서, 나무들은 햇빛이 가장 잘 드는 쪽에 꽃을 피워요. 꽃가루가 잘 옮겨져서 수정이 되면, 꽃은 열매로 변해요. 사과나무와 배나무, 벚나무같이 열매를 맺는 나무에서는 햇빛이 가장 잘 드는 남쪽에 열매가 더 많아요!

## 숲속 다양한 향기

우리가 알고 있는 숲은 대부분 자연 그대로의 숲, 원시림이 아니에요. 사람이 드나들며 열매를 수확하고 나무를 베는 등 많은 영향을 미쳤지요. 숲에서 아주 오래된 커다란 나무와 가느다랗고 키 작은 어린 나무가 나란히 서 있는 걸 발견한다면, 그건 사람의 손길이 닿았다는 걸 의미해요.
숲에서 공기 냄새를 맡아 봐도 사람이 오갔는지 추리할 수 있어요. 버섯이나 효모 같은 균류가 무언가를 분해하면 시큼털털한 냄새가 나요. 그러면 최근에 사람들이 거의 다녀가지 않았다는 신호이지요. 식초 냄새가 나면, 얼마 전 참나무가 베어졌다는 단서이고요.
진한 송진 냄새는 소나무나 전나무를 자를 때 나는 냄새예요. 아마도 크리스마스가 가까운 시기에 숲에서 이런 냄새를 많이 맡을 수 있을 거예요. 냄새를 맡는 감각은 금방 둔해지니, 집중해야 해요!

# 거짓 말쟁이 이끼

숲에서 길을 잃었을 때, 이끼를 보고 길을 찾는다는 말을 들어 본 적 있을 거예요.
이끼는 나무의 북쪽 면에서 자라기 때문에 방향을 나타내거든요.
하지만 항상 정확한 건 아니니 조심해야 해요!

## 이끼의 정체는?

물속에서 살다가 진화를 하며 땅 위로 올라와 사는 작은 식물이 있어요. 바로 이끼예요. 그래서 이끼는 축축한 환경을 좋아해요. 습기가 많은 땅이나 바위, 나무 표면에 평평한 카펫처럼 펼쳐져 자라고, 아주 작은 잎들이 단단하게 붙은 줄기를 갖고 있어요. 이끼에는 진짜 뿌리가 없고, '헛뿌리'라고 부르는 실처럼 생긴 부위가 뿌리 역할을 해요. 때로는 이끼 위에 솟아난 꼬투리를 볼 수 있는데, 이끼는 이걸로 번식해요.

### 산책자의 수첩

어떤 이끼는 아주 특별한 영양분을 좋아해서 특정한 곳에서만 자라요. 반짝이는 잎을 가진 표주박이끼는 오래전 불이 난 곳의 자취를 따라 자라지요. 그렇다면 표주박이끼가 있는 곳은 장애물이 없어 야영하기 알맞은 장소일 거예요!

## 이끼가 자라는 곳

이끼에는 땅속의 물을 끌어당길 수 있는 뿌리가 없어요. 그래서 주로 공기 속 물기와 빗물을 이용해요. 이끼가 통나무나 바위, 벽과 같이 번식할 장소에 자리 잡으면, 물을 쉽게 얻을 수 있는 쪽으로 퍼져 나가요.

외따로 서 있는 나무나 들판 한가운데 있는 바위에 자리를 잡는다면, 이끼는 햇빛에 마르지 않도록 나무나 바위의 북쪽에 자라요. 이때 이끼는 방향을 정확히 알려 주지요. 그런데 숲에서는 나무 그늘이 햇빛을 걸러 주기 때문에, 이끼는 햇빛에 드러나는 것을 걱정하지 않고도 남쪽에서 자랄 수 있어요. 마찬가지로 주변이 축축한 연못, 개울 또는 버드나무와 골풀로 둘러싸인 습지에서 이끼가 잘 자라요. 이 경우, 이끼가 퍼진 곳이 반드시 북쪽을 가리키는 건 아니니 주의하세요! 자연은 단순하지 않으니, 여러 가지 요소를 고려해 관찰해야 해요.

# 담쟁이의 비밀

담쟁이는 어디에서나 잘 자라요. 나무줄기와 전봇대, 담벼락을 휘감으며 뻗어 나가지요.
그런데 담쟁이가 방향을 아주 잘 알려 준다는 사실을 알고 있나요?

### 담쟁이 잎의 변신

우리가 가장 흔하게 볼 수 있는 담쟁이 잎은 끝이 3~5개로 별처럼 뾰족하게 갈라진 모양이에요. 이건 '어린이' 담쟁이 잎이에요. 이 잎은 '어른'이 되어 번식할 때, 잎 모양이 한군데만 뾰족한 타원형이 돼요. 담쟁이가 다 자라면 흰색 꽃이 피고, 꽃이 지면 열매가 맺혀 검은색으로 익어요.

## 담쟁이는 나침반이에요

어린 담쟁이는 빛을 좋아하지 않아요. 그래서 주변 나무들이 만든 그림자 속을 기어 다니고, 가장 캄캄한 그늘을 드리우는 땅을 향해 뻗어 가요. 그러고는 갈고리 같은 뿌리를 이용해서 나무든 벽이든 따라 기어올라요. 높은 곳에 이르면, 담쟁이는 빛을 더 많이 받아서 어른 담쟁이로 성장해요. 마침내 꽃을 피우고 열매를 맺는 거예요. 어른 담쟁이는 어린 담쟁이와 달리 빛을 좋아하지요.

▶ 어린 담쟁이는 자라면서 빛이 잘 들지 않는 북쪽을 향해 올라가요.

▶ 어른 담쟁이는 빛을 향해 자라 올라가는데, 반드시 남쪽을 향하는 건 아니에요.

## 털 달린 줄기

숲에서 아주 오래되고, 아주 큰 나무를 찾아봐요. 때때로 그 나무 기둥에 얇은 가지가 붙어 있는 걸 볼 수 있을 거예요. 가지에는 털처럼 생긴 뿌리가 잔뜩 달렸고요. 이건 나무의 북쪽 면을 오르려고 하는 담쟁이의 줄기예요. 담쟁이도 나이가 들수록 줄기가 두꺼워지고, 딱딱한 갈색 목질로 변해요.

# 알록달록한 얼룩의 정체

물속에 살며 광합성을 하는 식물을 통틀어 '조류'라고 해요.
조류를 바닷가에서만 볼 수 있는 건 아니에요!
지의류처럼 조류도 숲에서 왕성하게 번식하며 자리를 잡아요.

## 숲에 조류가 있다고요?

우리가 흔히 알고 있는 조류는 파래나 미역같이 물에 잠겨 있는, 녹색 또는 갈색 끈처럼 생긴 생물이에요. 그런데 숲에서 자라는 조류는 아주아주 작아요. 이 작은 생명체는 무리를 지어 모여 얇은 막을 만드는데, 이 막이 조류가 자라는 바위나 나무 기둥의 표면을 초록색, 파란색, 노란색 또는 주황색으로 물들여요.

## 조류는 나침반이에요

숲속 몇몇 나무에서 주황색 국물이 흐른 것 같은 자국을 관찰할 수 있을 거예요. 이건 태양을 엄청 싫어하는 조류예요! 그래서 우리에게 북쪽이 어디인지 말해 줄 수 있지요. 초록색 조류도 북쪽을 가리킬 수 있어요. 단, 초록색 조류는 이끼와 비슷한 색이니 혼동하지 않도록 조심하세요!

## 지의류는 무엇일까요?

지의류는 조류와 균류가 합쳐진 거예요. 조류는 균류에게 없는 엽록소가 있어 광합성을 할 수 있고, 균류는 조류에게 없는 뿌리가 있어요. 정말 환상적인 팀을 이루고 있지요! 지의류에 따라 오염에 민감한 정도가 달라서, 그 모양을 보면 공기가 깨끗한지 더러운지 알 수 있어요

▶ **납작한 지의류** 딱딱한 껍질을 만들고, 오염에 그다지 민감하지 않아요. 어디에서나 찾을 수 있는데, 심지어는 도시에서도 볼 수 있어요.

▶ **오돌토돌한 지의류** 머리카락을 뭉쳐 놓은 것처럼 보여요. 이 지의류는 오염을 아주 싫어해서 공기가 깨끗한 곳에서만 자라요.

## 지의류는 나침반이에요

지의류는 숲 어디서든 자라요. 하지만 지의류의 색깔이 진하고 화려할수록 햇빛을 더 많이 받았다는 걸 의미해요. 도시에서든, 자연에서든 우리는 주황색과 노란색이 섞인 지의류를 발견할 수 있어요. 이 색은 태양에 많이 드러날수록 더 선명하고 생생해요. 그러니까 남쪽을 가리키고 있겠죠? 몇몇 흰색 지의류는 나무의 한쪽 면에서만 자라는데, 이들도 역시 남쪽을 가리키고 있어요.

# 꽃이 주는 실마리

꽃은 식물이 번식하기 위한 생식 기관이에요.
꽃가루를 옮기는 곤충을 유혹하려면 멀리서도 눈에 띄어야 해요.
그래서 꽃은 화려하게 치장하고 좋은 향기를 내뿜지요!

## 꽃은 나침반이에요

꽃가루를 나르는 곤충들이 금방 알아볼 수 있도록, 식물은 태양을 향해 꽃을 피워요. 종류가 같은 꽃이 많이 피었는데, 그 꽃들이 모두 한 방향을 바라보고 있나요? 그렇다면 그쪽이 아마 남쪽이라고 추측할 수 있어요.

## 꽃들이 고개를 돌린 곳

봄에 화단을 보면 노란색 수선화가 모두 같은 방향으로 피었다는 걸 발견할 수 있어요. 정원에 핀 하얀 데이지도 남쪽으로 기울어 있어요. 데이지 옆 물망초는 햇빛이 아주 잘 드는 곳에서만 자라고요. 주위에 무엇이 있든, 그 물체의 북쪽에서는 잘 자라지 않지요. 노란색 디기탈리스는 남쪽을 향하고 있어요. 탁 트인 넓은 땅에서 자라는 자줏빛 디기탈리스도 마찬가지예요. 하지만 주의할 점이 있어요. 만약 근처에 나무가 있으면 디기탈리스는 나무 그늘 때문에 방향을 잃어버릴 수 있어요. 그러니 주변 환경까지 세심히 관찰해 방향을 정하세요!

### 산책자의 수첩

해바라기가 태양의 움직임을 따라 고개를 돌린다는 말은 반만 맞아요. 어린 해바라기만 이렇게 하거든요. 해바라기는 자라면서 씨앗의 무게 때문에 움직이는 걸 멈추고 땅을 바라봐요.

## 꽃이 피는 땅

숲에서 고개를 길게 내민 앵초를 본 적 있나요? 앵초는 마구 휘저어진 땅을 좋아하지 않아요. 그래서 사람이 잘 다니지 않는 깊은 숲속에서만 자라요. 반면, 디기탈리스 씨앗은 잘 갈려 단단하게 굳지 않은 땅에서만 싹을 틔울 수 있어요. 봄에 디기탈리스가 많이 핀 곳을 발견했다면, 얼마 전에 커다란 농사 기계가 지나가며 그 땅을 갈아엎었다고 짐작해 볼 수 있어요.

# 신비한 버섯

사람들은 버섯이 가을에만 자란다고 생각해요.
사실 버섯은 1년 내내 아주 얇은 실 모양으로 흙 속에서 시간을 보내고 있어요.
버섯은 우리가 매일 지나쳐 다니는 자연환경에 대해 많은 걸 알려 주지요.

## 버섯은 무엇일까요?

버섯은 '균사'라고 부르는 가늘고 긴 실 모양 세포가 얽혀 덩어리를 이룬 균사체예요. 균사는 땅 속에 널리 퍼져 있고, 죽은 동식물을 분해해 생태계로 되돌려 놓아요. 그래서 사람들은 균사체를 '분해자'라고도 불러요. 때로 균사체의 생식 기관이 나무 옆 귀퉁이나 땅 위로 솟아 나오는데, 이것이 우리가 숲을 산책하며 발견하는 버섯이에요.

## 버섯이 자라는 곳

버섯이 살아가려면 습기가 필요해요. 축축한 환경에서 잘 자라기 때문에, 햇빛이 잘 비치는 비탈이나 나무 기둥의 남쪽은 피하려고 하지요. 어떤 버섯들은 특정한 나무를 찾았을 때에만 자라나요. 빨간색 갓에 흰점이 있는 광대버섯이 그렇지요. 숲에서 광대버섯을 발견한다면, 독이 있으니 조심히 관찰하세요!

## 버섯은 나침반이에요

① **구름버섯** 나이테처럼 생긴 예쁜 색색의 무늬를 갖고 있어요. 오래된 나무에 붙어 자라고, 햇빛을 쬐면 무늬가 노란색으로 변해요. 이 또한 남쪽을 알리는 신호지요.

② **광대버섯** 이 빨간 버섯이 많이 보인다면, 남쪽을 알리는 신호예요. 광대버섯은 새로운 땅에 번식하기 위해, 숲 남쪽 가장자리에서 자라는 자작나무와 힘을 합치는 걸 좋아해요.

③ **콩버섯** 숯덩이를 닮았어요. 물기가 없거나 불에 탄 나무에서만 자라요. 햇빛을 가장 적게 받는 북쪽 방면에서 더 많이 볼 수 있어요.

④ **잔나비걸상버섯** 나무에 붙어 자라는 버섯이에요. 원숭이가 앉는 의자처럼 생겨서 지어진 이름이지요. 이 버섯이 자라면 나무가 금방 죽을 거라는 걸 나타내요. 버섯의 갓은 북쪽을 향하고, 그늘진 곳에 자라는 나무의 옆쪽에서 발견할 수 있어요.

# 식물의 일기 예보

구름을 보고 가까운 미래의 날씨를 예측할 수 있지만
대기압이 변할 때 나타나는 신호를 식별하면,
하루 전 날씨까지 예측할 수 있답니다!

### 식물은 천연 기압계예요

기압계는 대기압을 측정하는 장치예요. 대기압이란 공기층이 지표를 누르는 힘이에요. 기압이 높으면 하늘이 맑고 선선한 날씨를 즐길 수 있어요. 반대로 기압이 낮을 땐, 더운 바람이 불고 날씨가 안 좋아지는 걸 볼 수 있어요. 그러면 자연 속 식물들은 꽃을 닫거나 잎사귀를 펼치며 날씨 변화에 반응해요.

### 왜 꽃을 닫을까요?

엉겅퀴나 민들레는 밤이 되면 꽃잎을 닫고, 아침 일찍 다시 열어요. 때로는 낮 동안에도 스스로 오므라드는 걸 볼 수 있지요. 민들레는 공기 중의 압력과 습도를 감지해서 비가 오려고 하면 꽃잎을 닫아요. 데이지나 연못에 서식하는 수련도 마찬가지예요. 이 꽃들은 날씨가 나빠지기 몇 시간 전에 스스로 움직여 자신을 보호한답니다.

수련     데이지     민들레     엉겅퀴

## 괭이밥은 나침반이에요

토끼풀은 잔디밭이나 들에서 자라요. 숲에서 토끼풀과 잎 모양이 비슷한 키 작은 식물을 발견했다면, 괭이밥일 거예요. 가느다란 줄기에 하트 모양 잎사귀를 달고 있지요. 괭이밥 잎자루 밑을 자세히 보면, 붉은색을 발견할 수 있어요. 산성 물질이 들어 있기 때문인데, 까치밥나무 열매도 이 물질 때문에 특별한 맛을 내요. 괭이밥도 먹을 수 있어요. 괭이밥은 햇빛이 너무 많을 때 오므라들어요. 햇빛이 너무 많으면 괭이밥 전체가 붉게 변해서 남쪽을 나타내는 단서가 된답니다.

# 멋진 천연 나침반

몇몇 식물과 동물들은 우리가 손쉽게 방향을 찾게 도와줘요.
아주 특별한 천연 나침반이라고 할 수 있지요!

## 야생에서 찾은 나물

상추는 텃밭이 아닌 곳에서도 자라요. 자연 속 오솔길 한가운데에서도 상추를 발견할 수 있어요! 야생 상추는 사람이 재배한 상추와는 다르게 쓴맛이 나서 먹을 수 없어요. 가시상추와 고들빼기는 해가 잘 드는 곳에서 자라지만, 한낮에 너무 뜨겁게 내리쬐는 태양을 피하려고 해요. 그래서 남과 북을 가로지르는 축을 따라 잎이 줄지어 나요.

부채파초

가시상추

고들빼기

## 신기한 부채파초

열대 지방에 자라고, '여행자의 나무'라고도 불려요. 잎이 컵 모양이어서 목마른 여행자가 빗물을 받아 마시기 좋지요. 또한 부채파초의 커다란 잎은 동쪽에서 서쪽으로 줄지어 있어서, 우리가 쉽게 방향을 잡을 수 있도록 도와줘요.

## 붉은 곤충이 모이는 곳

나무 기둥이나 바위에 모이곤 하는, 붉은 옷을 입은 곤충을 알고 있나요? '별노린재'라고 불리는 작은 곤충인데, 살아남기 위해 몸을 따뜻하게 유지해야 해요. 그래서 햇빛을 받으려고 남쪽에 모이지요. 그 덕에 '정오를 찾는 자'라는 별명을 얻었어요.

## 나무 옆 갈색 더미

뾰족한 나뭇잎과 잔가지가 쌓인 작은 더미 안에 개미집이 있어요. 개미집은 특히 침엽수 아래에서 발견할 수 있어요. 개미는 아침잠에서 깨려면 햇볕이 필요해요. 그래서 나무 아래 남쪽 비탈면, 또는 오전에 해가 머무는 남동쪽에 개미집이 많아요.

## 새의 둥지

울타리와 나무 등 새가 둥지를 틀 만한 곳들을 자세히 관찰해 보세요. 새의 둥지가 주로 한쪽 방향에 자리한다는 것을 알게 될 거예요. 새들은 바람을 가장 적게 받는 쪽에 피난처를 마련하고, 알을 낳아 품어요. 이러한 특성이 우리에게 방향을 알려 주지요. 그 지역에 바람이 주로 서쪽에서 불어온다면, 새 둥지를 나무와 덤불의 동쪽 면에서 더 많이 볼 수 있어요. 반대로 새 둥지가 서쪽에서 많이 보이면, 그 지역은 바람이 동쪽에서 불어올 거예요.

# 동물이 남긴 발자국

숲속에서 동물을 항상 볼 수 있는 건 아니지만,
동물이 남긴 발자국을 찾아 많은 정보를 알아낼 수 있어요.
정말 재미있는 보물찾기가 될 거예요!

## 발자국은 어떤 단서를 줄까요?

우리가 눈이나 진흙 위에 발자국을 남기는 것처럼, 동물들도 땅에 발자국을 남겨요. 이런 발자국은 주위에 어떤 동물이 살고 있는지 알려 줘요. 동물은 물을 찾는 습성이 있기 때문에, 우리를 물이 있는 곳으로 안내해 줄 수도 있어요. 무거운 동물일수록, 발자국이 땅에 더 깊게 찍혀 있을 거예요.

## 어디에서 발자국을 발견할까요?

땅이 폭신폭신할수록 발자국을 발견하기 쉬워요. 몸이 가벼워 발자국이 잘 남지 않는 동물들의 발자국도 찾을 수 있지요. 또한 발자국은 축축한 진흙에서 발견하기 쉬워요. 비가 내린 후에 숲을 산책하면 발자국을 많이 볼 수 있을 거예요. 이른 아침에 눈이 내린다면, 발자국을 찾기에 제일 좋은 기회예요. 눈 내린 숲은 얼룩 하나 없는 거대한 흰색 도화지 같아서, 아주 조그만 발자국도 찾을 수 있으니까요. 발자국 찾는 연습을 몇 번 하면, 낙엽 무더기가 쌓인 땅에서도 발자국을 척척 발견할 수 있어요.

## 발자취를 추적하는 방법

우선 간격이 일정한 발자국을 최소 2개 이상 찾아야 해요. 보폭을 재야 하거든요. 막대기에 발자국 간격에 맞춰 고무줄을 묶어 표시해요. 이걸로 보폭이 같은 발자국들을 찾아 따라가는 거예요! 만약 한 방향으로 가는 발자국이 아주 많고, 여러 동물의 발자국이 섞여 있으면, 물웅덩이로 통하는 길일 가능성이 커요.

## 가장 쉽게 발견할 수 있는 발자국

우선 몸집이 큰 포유류가 추적하기 가장 쉬워요. 멧돼지나 노루, 사슴, 오소리, 어쩌면 곰이 주변을 어슬렁거릴지도 몰라요! 새 중에도 우리가 쉽게 알아볼 수 있도록 특이한 발자국을 남기는 새들이 있어요. 이제 여러 동물들의 발자국 모양을 구분하는 방법을 배워 봐요.

# 동물 발자국 카드

집 근처 숲에서 쉽게 볼 수 있는 동물 발자국을 소개할게요.
눈을 크게 뜨고 비슷한 발자국을 찾아보세요!

### 오소리

발바닥에 아주 긴 발톱이 달린 발가락 5개를 갖고 있어요. 어린 오소리의 발자국에는 발톱 자국이 없기도 해요.

### 사슴

둥근 발굽이 2개예요. 간혹 '며느리발톱'이라는 작은 발톱 자국도 보여요.

### 고양이

고양이 발자국 모양은 다 똑같지만, 집고양이보다 길고양이 발이 더 커요. 고양이들은 발톱을 접어서 감추기 때문에 발톱 자국을 남기지 않아요.

### 노루

노루의 발자국은 끝이 섬세하게 둥글고, 발굽이 2개예요. 그런데 노루가 펄쩍펄쩍 뛰어다녔다면, 둥근 자국만 작게 남아 있을 수도 있어요.

## 개

개들의 발자국은 치와와부터 셰퍼드까지 종에 따라 크기가 달라요. 하지만 모두 둥그스름한 발자국 모양을 가졌다는 공통점이 있지요. 발가락이 4개이고, 발톱이 달렸어요.

## 올빼미

올빼미와 부엉이는 알파벳 문자 케이(K)를 닮은 희귀한 발자국을 남겨요. 때로는 깃털의 흔적을 남기기도 해요. 발가락 끝에서 아주 날카로운 발톱 자국도 볼 수 있을 거예요. 이 날카로운 발톱으로 먹이를 낚아채지요.

## 까마귀

까마귀는 발가락이 앞에 3개, 뒤에 1개 있어요. 발가락은 오톨도톨한 질감이에요. 가운데 발가락이 약간 안쪽을 가리키고 있는데, 이걸 보고 오른쪽 발과 왼쪽 발의 발자국을 구별할 수 있어요.

## 다람쥐

다람쥐의 발자국은 발톱 달린 긴 발가락이 특징이에요. 앞발에는 4개의 발가락이, 뒷발에는 5개의 발가락이 있어요. 발자국의 바깥 윤곽은 알파벳 문자 브이(V) 모양이에요.

### 고슴도치

발자국 크기는 작지만, 사람 손바닥을 닮아서 금방 알아볼 수 있어요. 고슴도치는 10월에서 3월까지 겨울잠을 자는데, 여러 번 잠에서 깨요. 운이 좋으면 겨울밤 산책에서 발자국을 찾을 수 있을 거예요.

### 왜가리

이 커다란 새는 튼튼한 발가락 4개를 가졌어요. 발가락 끝에 튀어나온 발톱이 멋진 발자국 모양을 완성해요.

### 수달

발가락 5개가 넓게 벌어졌고, 끝에 발톱 자국이 있어요. 둥글둥글한 모양을 가진 발자국이에요. 간혹 발가락이 4개만 찍혀 있을 때도 있어요. 어린 수달의 발자국에는 발톱이 보이지 않을 수도 있고요.

### 갈매기

붉은부리갈매기는 모래 위에 은행잎 모양 발자국을 남겨요. 그 안에 기다란 발가락이 3개 있지요. 어떤 갈매기는 뒤쪽에 발톱이 있는 더 큰 발자국을 남기기도 해요.

## 곰

곰 발바닥에는 발톱 달린 발가락 5개가 있어요. 발자국의 크기를 보면, 곰의 몸집이 얼마나 큰지 알 수 있죠! 곰 발자국이 보이면 그 근처는 얼씬도 하지 않는 게 좋아요!

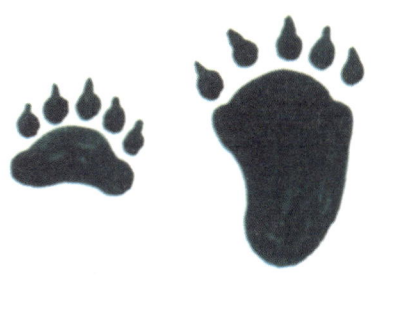

## 뉴트리아

뉴트리아는 발톱 달린 발가락 5개를 가졌어요. 발가락 사이 간격이 넓고, 각 발자국은 뒤에 오는 발자국과 10센티미터 간격이에요. 사향쥐는 뉴트리아와 비슷한 발자국을 남기지만, 발자국 크기가 더 작아요.

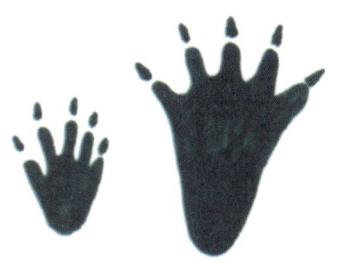

## 여우

여우는 뾰족한 발톱이 달린 발가락 4개를 가졌어요. 여우 발자국을 쉽게 구별할 수 있는 방법을 알려 줄게요. 두 번째와 세 번째 발가락 밑부분을 연결하는 선을 그려 보세요. 이 선은 가장 바깥쪽 발가락에 닿지 않아요.

## 멧돼지

몸무게가 많이 나가는 이 커다란 포유류는 발굽 모양이 선명한 발자국을 남겨요. 멧돼지 발자국을 자세히 살펴보면, 발굽 양옆에 며느리발톱 자국이 있어요. 이 자국은 아주 어린 멧돼지 발자국에서는 보이지 않아요.

# 동물이 남긴 흔적

발자국 말고도 동물들은 더 섬세한 흔적을 남기기도 해요.
예리한 눈으로 관찰하면, 방금 전 어떤 동물이 다녀갔는지 알아챌 수 있고
우리 주변의 환경을 더 잘 이해할 수 있어요.

## 누가 솔방울을 먹었을까요?

침엽수의 원뿔 모양 열매는 많은 동물이 좋아하는 음식이에요. 다람쥐는 튼튼한 턱을 갖고 있어서 조심성 없이 껍질을 뜯어 벗겨요. 반면에 들쥐는 껍질을 아주 섬세하게 벗겨 내요. 독특한 오색딱따구리는 솔방울을 나무 구멍에 쑤셔 넣어서 껍질을 벗기고요. 소나무나 전나무 밑을 지나다 보면, 오색딱따구리가 까먹은 솔방울들이 바닥 여기저기에 흩어져 있는 걸 볼 수 있어요.

## 누가 나무에 상처를 냈을까요?

어린 나무의 줄기는 때때로 호기심 많은 동물의 탐구 대상이 돼요. 나뭇가지의 잘린 부위가 깔끔한데, 군데군데 마구 헝클어졌거나 전부 헤쳐져 있으면, 그건 사슴이 지나갔다는 증거예요. 노루와 사슴은 겨울에 이빨로 어린 나무의 표면을 긁어서 조각난 껍질을 떼어 먹어요. 봄이 되면 뿔이 새로 나는데, 나무에 뿔을 문질러서 뿔을 덮은 보드라운 꺼풀을 벗겨요.

## 누가 땅을 헤집었을까요?

숲을 산책하다 보면, 마치 쟁기질을 한 것처럼 흙이 파헤쳐진 곳이 보여요. 도토리나 밤, 애벌레 또는 달팽이, 때로는 작은 포유동물을 찾으려고 이렇게 파헤친 거예요. 누가 그랬냐고요? 바로 멧돼지가 툭 튀어나온 코와 입으로 땅을 들쑤신 거랍니다! 식탐 많은 멧돼지는 때때로 사람들이 심어 놓은 농작물을 파 먹기도 해요.

## 보물찾기를 해요!

숲을 산책할 때 바짝 마른 나뭇가지나 동물 뼈를 발견할 수도 있어요. 우리는 이 보물을 집으로 가져가서 책과 인터넷을 찾아 어떤 동식물의 흔적인지 확인할 수 있어요. 단, 뼈는 반드시 흰색일 때만 가져가야 해요. 숲에서 죽음은 생태계의 일부분이에요. 절대 썩고 있는 동물의 시체를 손으로 만져서는 안 돼요.

# 새가 전하는 정보

새들은 우리 머리 위를 자유롭게 날면서
가고 싶은 곳이라면 어디든 갈 수 있을 것처럼 보여요.
사실 새들은 둥지 틀 장소를 아주 신중하게 선택하는 동물이지요.
새들이 산책자에게 전하는 정보는 무엇인지 알아보아요.

## 새들은 왜 무리 지어 날아갈까요?

숲에서 수십 마리의 산비둘기나 작은 까마귀들이 요란하게 날갯짓하며 시끄럽게 날아올라서 깜짝 놀란 적이 있을 거예요. 새들은 아주 예민해서 조금이라도 수상쩍은 움직임을 느끼면, 그 반대 방향으로 도망가요. 만약 새들이 우리가 있는 방향으로 날아오면 어쩌죠? 잠시 이동을 멈추고 웅크려 있어 보세요. 운이 좋으면 야생 동물이나 다른 사람이 지나가는 걸 관찰하게 될 수도 있어요! 누군가 다가오고 있다는 정보를 새들이 전해 준 거예요.

## 육지가 가깝다는 신호

바닷새는 수영을 아주 잘하지만, 둥지를 지어 번식하고 쉬려면 육지에 자리를 잡아야 해요. 바다에서 배를 타고 있는데, 갈매기나 가마우지가 많아진다면, 해안에 가까워지고 있다는 신호예요. 육지에 사는 새인데 바다 위를 날고 있는 게 보인다면, 땅에서 더욱 가깝다는 걸 추측할 수 있겠죠? 1492년에 신대륙을 발견한 크리스토퍼 콜럼버스도 배 위로 날아가는 까마귀 덕분에 어디에 착륙해야 할지 알았다고 해요.

갈매기

## 들판을 좋아하는 새

산책하다 보면, 하늘을 빙빙 도는 매나 솔개를 만날 수 있어요. 때로는 머리 위에 우스꽝스러운 볏이 있는 댕기물떼새를 볼 수도 있지요. 이 새들은 탁 트인 곳을 좋아하기 때문에, 주변에 숲이 없는 넓은 벌판이나 들판이 있다는 걸 알려 줘요.

댕기물떼새

매

## 마을로 안내하는 새

갈까마귀는 까마귀보다 몸집이 더 작고 머리가 칙칙한 회색빛이에요. 겨울에 우리나라를 찾아오는 철새이지요. 이 새는 사람들이 만든 건축물을 좋아해서 그 주변을 날아다녀요. 하지만 갈까마귀도 살기 위해서는 숲이 필요해요. 숲에서 갈까마귀를 만났다면, 마을이나 도시가 가깝다는 신호예요.

갈까마귀

진정한 산책자는 자연이 주는 단서를 발견하고,
스스로 방향을 찾을 줄 아는 사람이겠죠?
이제 밖으로 나가 배운 걸 실천해 봐요.
도전 과제를 멋지게 해결해 보세요!

### ▶ 도전 1단계

하늘에서 태양이 대략 어느 방향에 있는지 말해 보세요.
현재 시간과 계절을 고려해야 한다는 걸 잊지 마세요.

### ▶ 도전 2단계

계절별로 한밤중에 밖으로 나가 남쪽을 찾아보세요.
하늘에 나타나는 정보만 이용할 수 있어요.
밤하늘에서 남쪽을 찾기 위해 어떤 단서들을 활용했는지 기록하세요.

| 계절 | 하늘에서 활용한 단서 |
|---|---|
| 봄 | |
| 여름 | |
| 가을 | |
| 겨울 | |

## ▶ 도전 3단계

집 근처에 있는 자연으로 산책을 나가요. 그리고 책에 나온 것들을 발견해 보세요. 어떤 단서를 이용해서 발견했는지도 써 봐요!

| 발견한 것 | 이용한 단서 |
|---|---|
| 사람들이 자주 다닌 길 | |
| 습지 | |
| 북쪽 방향 | |
| 바람이 불어오는 방향 | |
| 동물 발자국 | |

▶ **도전 4단계**

자연에서 여러 색깔을 찾아 사진을 찍어 보세요.
사진에 찍힌 자연을 보고 어떤 정보를 얻을 수 있는지 이 책에서 찾아 써 보세요.

| 찾은 색깔 | 얻을 수 있는 정보 |
|---|---|
| 북극성의 하얀색 | |
| 광대버섯의 붉은색 | |
| 나무 기둥에서 자라는 조류의 주황색 | |
| 담쟁이의 검은 열매 | |
| 표주박이끼의 화려한 녹색 | |

| 찾은 색깔 | 얻을 수 있는 정보 |
|---|---|
| 바닷물의 맑은 푸른색 | |
| 무지개의 선명한 보라색 | |
| 적란운의 짙은 회색 | |
| 오므라든 엉겅퀴의 자주색 | |

### ▶ 도전 5단계

친구에게 하루에 두 번 질문해 달라고 요청하세요.
어느 시간에 어느 장소에 있는지는 중요하지 않아요.
질문하는 사람은 팔을 뻗어서 "이 방향이 무슨 방향일까요?"라고 물어보면 돼요.
질문을 받으면 주변을 관찰한 후, 방향을 맞춰 보세요!

Décodons les signes de la nature (ISBN: 979-1027105328)
by Alban Cambe, illustrated by Léonie Koelsch
Copyright © First published in French by Vagnon, Paris, France – 2021

Korean translation copyright © 2022 by GREENAPPLE (VISION B&P)
Korean translation rights are arranged with Fleurus Editions through AMO Agency.

All rights reserved.

이 책의 한국어판 저작권은 AMO에이전시를 통해 저작권자와 독점 계약한 그린애플에 있습니다.
저작권법에 의해 한국 내에서 보호를 받는 저작물이므로 무단 전재와 무단 복제를 금합니다.

어린이 산책자를 위한

## 자연의 신호

**초판 1쇄 인쇄** 2022년 1월 13일
**초판 1쇄 발행** 2022년 1월 20일

**글** 알방 캉브 | **그림** 레오니 쾰슈 | **옮김** 최린

**펴낸이** 이범상
**펴낸곳** (주)비전비엔피 · 그린애플

**기획 편집** 이경원 차재호 김승희 김연희 고연경 박성아 최유진 황서연 김태은 박승연
**디자인** 최원영 이상재 한우리 고유단 김현진 | **마케팅** 이성호 최은석 전상미 백지혜
**전자책** 김성화 김희정 이병준 | **관리** 이다정

**주소** 우) 04034 서울특별시 마포구 잔다리로7길 12 (서교동)
**전화** 02) 338-2411 | **팩스** 02) 338-2413 | **홈페이지** www.visionbp.co.kr
**인스타그램** www.instagram.com/greenapple_vision | **포스트** post.naver.com/visioncorea
**이메일** visioncorea@naver.com | **원고투고** gapple@visionbp.co.kr

**등록번호** 제2021-000029호

**ISBN** 979-11-976190-6-9 74400
　　　 979-11-976190-2-1 (세트)

- 값은 뒤표지에 있습니다.
- 잘못된 책은 구입하신 서점에서 바꿔드립니다.